「痩せる力」が目覚める！

深呼吸ダイエット

羅 予澤［著］

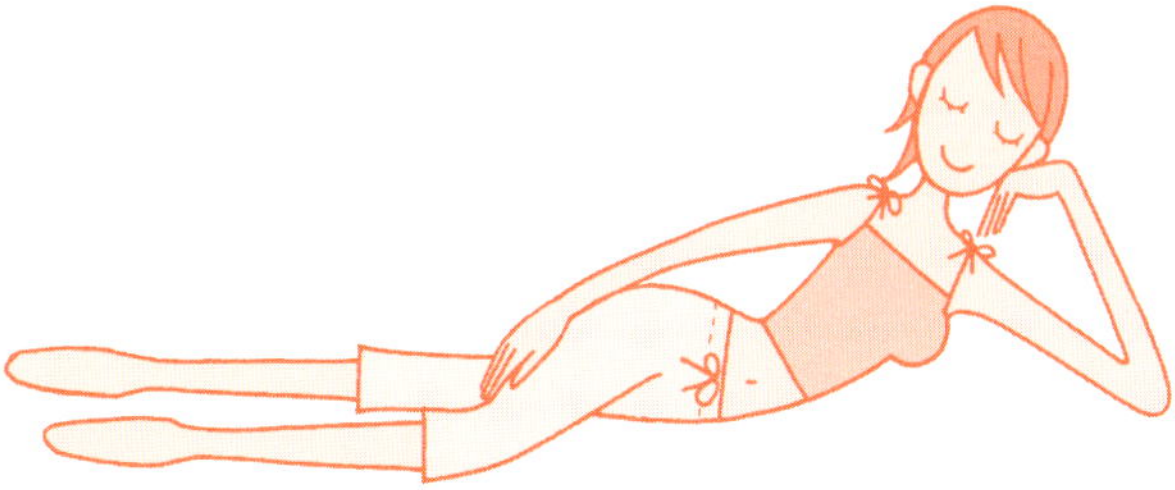

現代書林

はじめに……あなた、本当に最後のダイエットをしたいですか？

ようこそ、「深呼吸ダイエット」へ！

「深呼吸ダイエット」はすでに多くの方が試され、簡単に、短期間で、しかも健康的にダイエットに成功されているダイエット法です。

リバウンドの悩みもありません。

だから、自信を持ってこう断言できます。

「深呼吸ダイエット」は、あなたの最後のダイエットになります！

しかも、「深呼吸ダイエット」をマスターすると、ダイエットに成功するだけでなく、生活がより健康で、豊かなものになります。このことも、すでに多くの体験者が証明してくれています。

「えっ、ウソ！　深呼吸でダイエットできるの？　まさかぁ？……」

こう思って本を棚にもどしてしまったあなた。あなたは、これからもなかなか効果の出ないダイエットとリバウンドを繰り返すことになるでしょう。

「呼吸なら簡単そう。私にもできそうだから、早くやってみたい！」

こう思えばシメたもの。もう最後のダイエットの扉の前に立っています。

あとはその扉を開けさえすれば、私と一緒に、ダイエット成功につながる道を歩むことができます。

どちらを選ぶか、それはあなた次第です。でも、どちらを選ぶかを決めてしまう前に、ここで一つだけ質問させてください。

「なぜ、あなたはこの本を手にしたのでしょう？」

「なぜって、ダイエットに関心があるから……」

ズバリ、これが答えですよね。

あなたと私だけの話ですが、この数年間、私はダイエットをしたい方たちの個人相談を受け、「深呼吸ダイエット」のマンツーマン指導をおこなってきました。最近は、日本全国だけではなく、海外からも相談が寄せられるようになっています。

その指導を通じ、数千人以上の方のダイエットと体質改善の成功のお手伝いをさせていただきました。そうした方々のお話をうかがっているうちに、ダイエットに強い関心を持っているのに、なかなかダイエットできない原因を突き止めました。

一生懸命ダイエットしているのに、なぜ思うようにうまくいかないのでしょう?

答えは簡単でした。でも、意外なものだったのです。

ダイエットに関する知識が間違いだらけだった!

ダイエットに成功できない原因は、これだったのです。そもそもの知識が間違いだったのですから、一生懸命やってもうまくいかないのは当たり前ですよね。

ダイエットに対する知識さえ正しいものであれば、ほとんどの万年ダイエッターやダイエットジプシーは、簡単に、健康的にダイエットできます。しかも、過去のダイエットとリバウンドのエンドレスな恐怖からも解放されます。

そこで、あなたのダイエットに関する知識はどうでしょうか?

大切な時間とお金をドブに捨てることにならないよう、この本を読む前に、次の5つの質問で、あなたのダイエット知識をまずチェックしましょう。

□Q1　基礎代謝がアップすれば、脂肪がガンガン燃える

□Q2　健康的にダイエットするには、運動が不可欠

□Q3　厳しい食事制限をすれば、誰でも痩せられる
□Q4　ダイエットとリバウンドの繰り返しで、痩せにくい体質になっている
□Q5　簡単、短期間、健康的、経済的、リバウンドなしのダイエットなどない

さて、あなたの答えはどうでしたか？　○がいくつあったでしょうか？

実は、正解は……すべて×なのです。

「いままでのダイエット法では、全部○だったのに！　なぜ、これが×なの？」

そう思われたかもしれません。そうだとしたら、そこにあなたがダイエットできなかった間違いがあるのです。

一つでも○と思ったあなたは、ぜひこの本を最後まで読んでください。

きっと、目からウロコの答えがたくさん見つかります。そして、深呼吸でダイエットできる秘密も納得されるでしょう。あとは、その方法を実行していただくだけです。

さあ、いまから、あなたの最後のダイエットの本番スタートです！

レッツゴー！　ザ・ラスト・ダイエット

「痩せる力」が目覚める！　深呼吸ダイエット　■目次■

はじめに……あなた、本当に最後のダイエットをしたいですか？……1

プロローグ　3週間でマイナス8・5kgの実体験から「深呼吸ダイエット」は始まった

3週間で、76・6kgの私が68・1kgに！……14
初めて指導した方は5日間で3・9kgのダイエット……16
通信講座でダイエットしたい！　この要望から1ヵ月で7・1kgの減量……18
「これが私?!」と、体験者が驚く驚異的な即効性……20
リバウンドもなし。これも深呼吸ダイエットの一大特長です……24
マスターしてしまえば、追加投資ゼロでらくらく体重コントロール……25
自然治癒力のアップで、いろいろな改善効果も得られます……27

中国発、オーストラリア仕立てのダイエット健康法……29

PART 1

エンドレスダイエットから最後のダイエットへのご招待

痩せたいあなたがハマってしまうダイエットの落とし穴……32
成功ポイントは「HOW」より「WHY?」を大切にすること……34
まず、二つの「WHY?」を知りましょう……36
肥満にはいくつかのタイプが。あなたはどのタイプ?……38
なかなか痩せないA様とリバウンドするB様。WHY?……42
A様とB様をうらやましがらせる二人……45
本物のダイエット法は、「痩せる力」を目覚めさせます……49
「痩せる力」の①＝体脂肪を燃やす大量の酸素を取り入れる……51
「痩せる力」の②＝ホルモンバランスを調整する……53
「痩せる力」の③＝セロトニンの分泌を高める……54

なぜ、「基礎代謝を上げれば、脂肪はガンガン燃える」は×なの？……56
なぜ、「健康的にダイエットするには運動が不可欠」は×なの？……58
なぜ、「厳しい食事制限をすれば、誰でも痩せられる」は×なの？……61
なぜ、「ダイエットとリバウンドの繰り返しで、痩せにくい体質になっている」は×なの？……62
なぜ、「簡単、短期間、健康的、経済的、リバウンドなしのダイエットなどない」は×なの？……65

PART2 さあ、「深呼吸ダイエット」にトライしてみよう

まず、深呼吸してみましょう……68
立ったままでかまいません。この呼吸法を試してみましょう……70
横になってリラックス……。それが基本姿勢です……72
ステップ① 腹部を8割までふくらませる……74

ステップ② 息を最低3秒以上止める……75
ステップ③ 息を吸い続け、お腹を10割までふくらませる……77
ステップ④ ゆっくり息を吐きながら、自然にお腹をへこませる……79
ステップ⑤ 自然に、息を軽く3秒以上止める……80
呼吸のリズムがつかめれば、どこででもできるようになります……81
らくらく実践するためのポイント……82
私でも大丈夫？ もちろん大丈夫です！……85

PART3 体験談「こんな奇跡が起こるなんて！」

9ヵ月で16kgのダイエット。待望の赤ちゃんも授かりました 山田姿子（32歳）……88
70日で20kg減！ こんな奇跡的なことが起こるなんて！ F・A（44歳）……93
50代の私がマイナス7kg、20代の体重にもどった！ 菅井道子（51歳）……100
15日でマイナス7kg、肌もきれいになって幸せです 桜井美樹（39歳）……104

お腹周りが別人のようにスッキリ、頑固な便秘もスッキリ　石山淑子(64歳)……106
服が13号から9号に、腰痛も消えて人生の選択肢が広がった　田村小雪(37歳)……108
人の体ってすごい、「深呼吸ダイエット」はもっとすごい！　山本紀子(34歳)……114
下半身肥満にも、便秘という長年の友達ともサヨウナラ　村田志津(48歳)……118
健康に働けるうえ、「若くなったね」といわれる日々に感謝　小川雅美(43歳)……121
血糖値が正常に！　入院もインスリン注射もしないですんだ　上田啓子(56歳)……125

PART4
目からウロコ！ これで「痩せる力」が目覚める！

3000リットル！　私たちは1日にそれだけの酸素を吸っています……130
なぜ、私たちは呼吸するのでしょう？……132
呼吸は1種類？　いいえ、私たちは2種類の呼吸をしています……134
どうすれば、2種類の呼吸の効率がよくなるでしょう？……136
血液の循環は、私たちの意志では左右できません……139

細胞に大量の酸素を届けるには、自律神経の調整が必要です……140
2つの要素を満足させる「深呼吸ダイエット」の呼吸法……143
間違いだらけの呼吸法では、ダイエット効果が出ません……146
間違いだらけの呼吸法① 酸素の供給効率が悪い……148
間違いだらけの呼吸法② 脂肪が燃える理屈に反する……150
間違いだらけの呼吸法③ 呼吸が浅く、長く続けるのに不向き……151
間違いだらけの呼吸法④ 自律神経のバランス調整に非効率……152
間違いだらけの呼吸法⑤ 骨休め不足で、酸素の運搬能力が低い……154
間違いだらけの呼吸法⑥ 習得に時間がかかり、続けられない……155
これさえできれば、リバウンドなしは当たり前……156

PART5 ここがポイント! これで最後のダイエットは成功

1日2~3回、1回30~40分の短期集中でおこないましょう……160

目標体重の設定は、まずできるところから……163
ダイエット効果を下げる口呼吸をやめましょう……165
体質改善のためにも、口呼吸はチェックしましょう……167
適度な食事制限で、炭水化物を減らしましょう……169
酸素の運搬能力を下げる冷たいものを控えましょう……171
食べすぎの元になる早食い、立ち食いはやめましょう……172
呼吸法を徹底的にマスターしましょう……174

プロローグ

3週間でマイナス8.5kg
の実体験から
「深呼吸ダイエット」は始まった

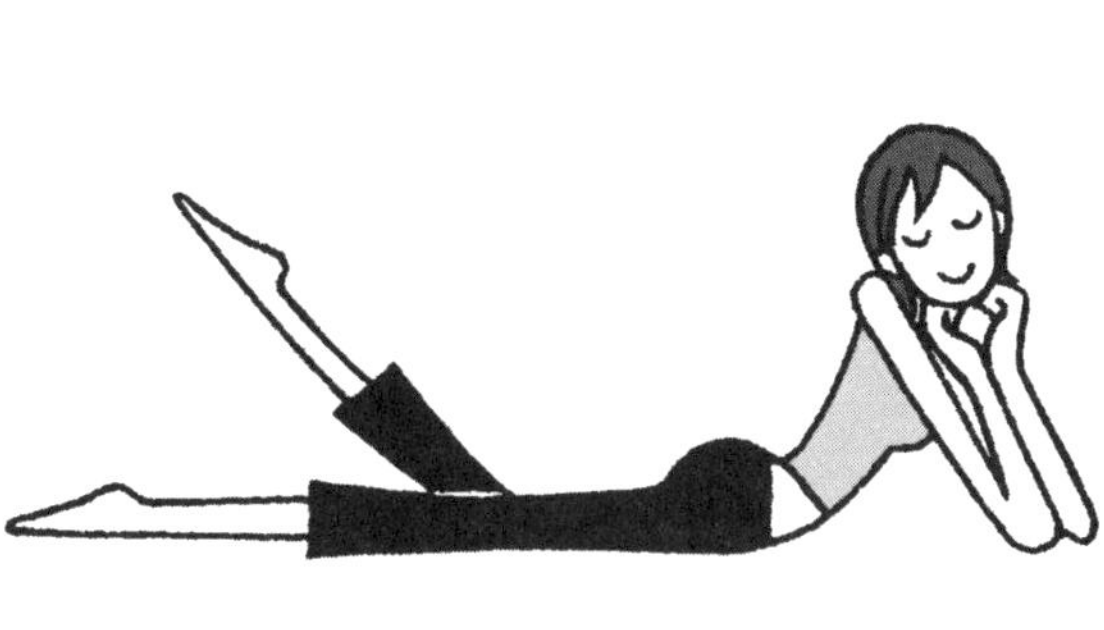

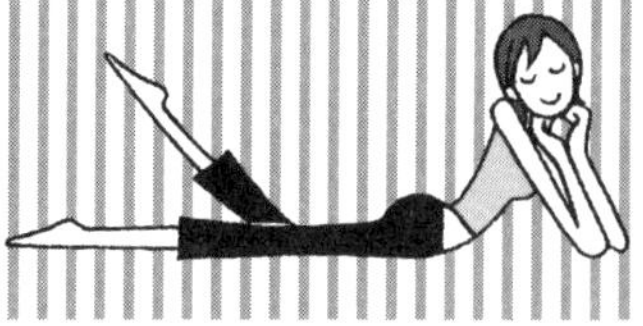

3週間で、76・6kgの私が68・1kgに！

「深呼吸ダイエット」の証人は、まず著者の私です。

２００２年7月20日から8月10日までの22日間に、このダイエット法で、私は簡単に、それも健康的にダイエットに成功しました。76・6kgあった体重を、68・1kgにまで減量することに成功したのです。

当時、私は外資系のＩＴコンサルティング会社に勤務していました。多忙で不規則な生活が続いたため、ストレスや過労の日々です。体重がみるみる増え、気がつけば76kg超！　自分でも信じられない状態になってしまいました。

標準体重という言葉をご存じですよね。

これはＢＭＩ（ボディ・マス・インデックス＝体格指数）が22になる体重のことでしたね。私の身長は１７１cmですから、標準体重は「1・71×1・71×22」で計算されます。計算すると、私の標準体重は64・3kg。

なんと、標準体重を12kg以上もオーバー！

そのとき、私の頭に、１９９７年の体験がひらめきました。その年、私は、オーストラリアに住む叔父（Paul Cai）を訪ねたことがあったのです。

叔父は画期的な「深呼吸ダイエット」をみずから編み出し、オーストラリアや中国で多くの人に教えていました。このダイエット法で多くの方がダイエットされたり、体質改善に成功されていました。

当時の私の体重はちょっと重めの71kg。

叔父の勧めもあって、さっそく叔父のダイエット健康法を試します。すると、１週間で、らくらくと５kgのダイエットに成功！

それだけではありません。不思議なことに、体力が落ちるどころか、逆に体力が向上。まったく運動していなかった私でも、５㎞のジョギングが平気でできるようになりました。長年の胃潰瘍も、きれいに消えてしまったのです。

この記憶がよみがえった瞬間、私は「深呼吸ダイエット」を即実行しました。

その結果……、３週間でマイナス８・５kg！

その後もこのダイエット法を続けると、たった３ヵ月弱で12・５kgのダイエット

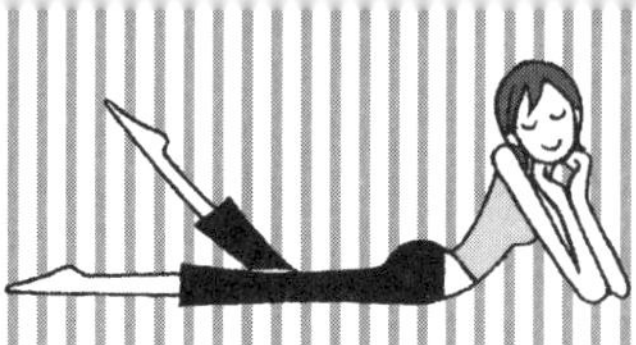

に成功。体重64・1kg、BMI＝21・9と、標準体重ピッタリになったのです。

初めて指導した方は5日間で3・9kgのダイエット

3ヵ月で12・5kgのダイエットに成功したころ、マスコミでは、ダイエット問題が大々的に報道されていました。覚えていらっしゃるでしょうか、そう、中国製ダイエット茶や痩せ薬の健康被害ですね。

そのとき、多くの方がダイエットで悩んでいる現実を知りました。同時に、「深呼吸ダイエット」の効果と安全性が頭をよぎったのです。

「オーストラリアや中国で、多くの人がその効果を実感されている。こんなにいいものなのだから、日本でも絶対に広めていかないと……」

その効果を思えば思うほど、使命のように感じました。

決断したら、即行動。

さっそく、オーストラリアの叔父に連絡、叔父からも全面的なサポートの快諾を得て、必要な知識を習得。効果的なダイエットの指導方法も研究し、すぐに店舗をスタートしました。

「いいものだから、きっと分かっていただける！」

私のなかには、こんな気持ちと自信があふれていました。

でも、思うようにいきません。そのころはまだ、呼吸法自体の重要性が広く認知されていなかったのです。

毎日毎日、それこそ雨の日も、風の日も、雪の日も、チラシを配り続けても反応はゼロ。秋が過ぎ、冬の寒さに手がかじかみ、鼻水をたらしながら、それでも一人でも多くの方の健康を願い、ひたすらチラシを配り続けました。

……そして、2ヵ月後の2002年12月、初めてのお客様が扉を開けられたのです。その方は、それまでエステに**60万円**の投資をし、4ヵ月で4kgのダイエットをされていました。でも、結局は挫折し、リバウンド……。

私が「深呼吸ダイエット」の考え方を説明させていただくと、共感されてすぐに実施されました。するとわずか5日間で3・9kgダイエットされたうえ、長年悩んでいたニキビまで改善されたのです。

通信講座でダイエットしたい！
この要望から1ヵ月で7・1kgの減量

それからというもの、ありがたいことに、効果的なダイエットやさまざまな体の不調改善の評判が口コミで広がり、多くの方にご利用いただくようになりました。

2003年2月初め、さらに大きな転機が訪れました。

「子供の卒業式に参加するために、8kgダイエットしたい。通信講座で『深呼吸ダイエット』をやりたい！」

岐阜県のS・Mさん（41歳）から、こんなご要望をいただいたのです。

S・Mさんの身長は156cm、体重は64・6kgでした。標準体重（BMI＝22）は53・5kgになりますから、11・1kgのオーバー。

ここまで「深呼吸ダイエット」を知ってくださる方が増えたことに感動しましたが、その時点では、通学コース（店頭での対面指導）だけでした。いまではビデオやCDをはじめとする通信コース用の教材もそろっていますが、当時は通信講座用

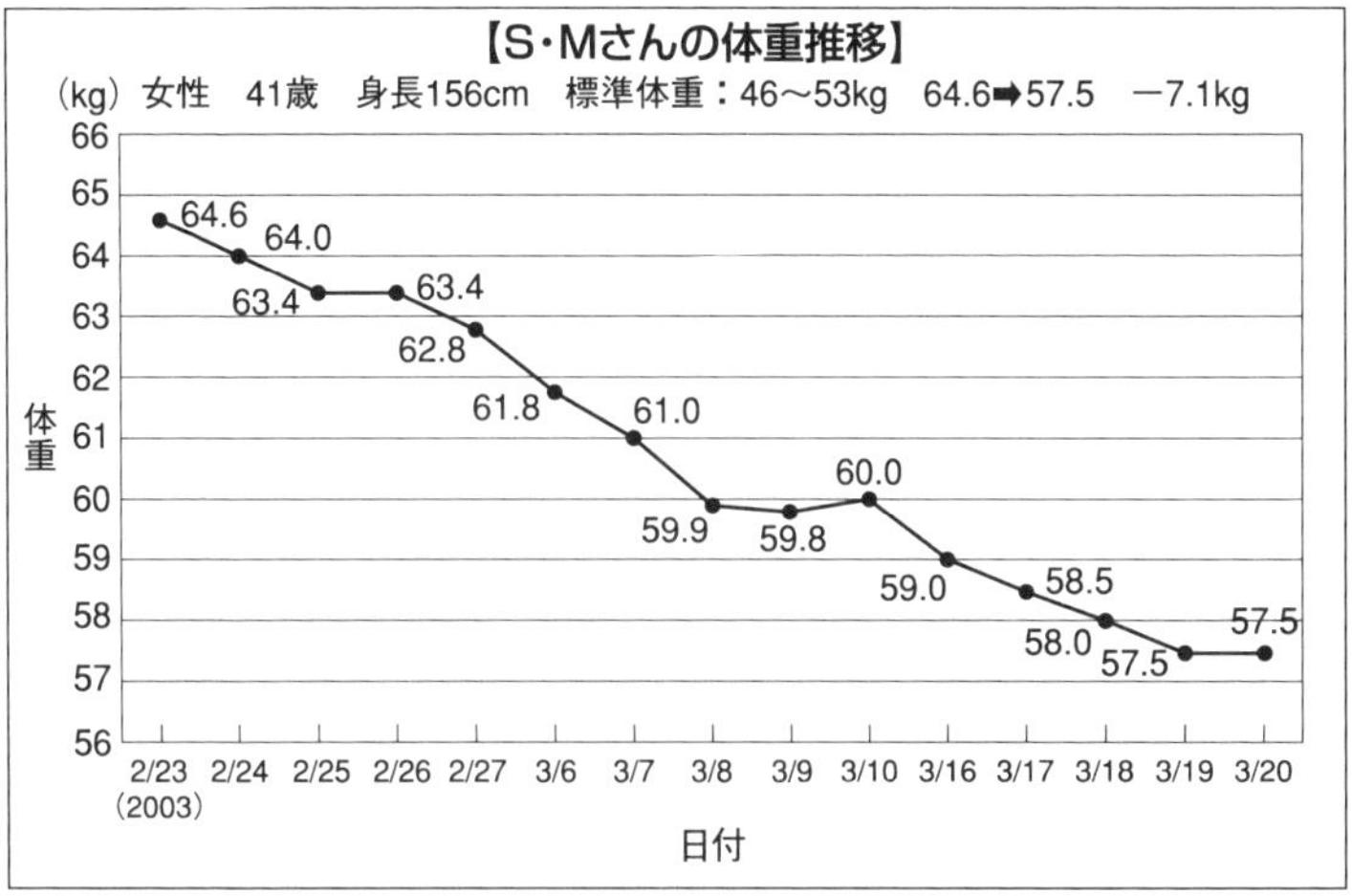

のテキストもありません。

それでも、「子供の卒業式のために……」というS・Mさんの気持ちには動かされました。何とかお力になりたいと思い、しばらく時間をいただくことにしました。

1週間、試行錯誤を繰り返しました。やっとカリキュラムをつくりあげ、連日の徹夜で教材を作成し、最初の通信コースをスタートすることになったのです。忘れもしません、2003年2月23日のことでした。

その結果、3月20日までの1ヵ月間(正味15日間)で、S・Mさんは7・1kgのダイエットに成功。さらに、冷

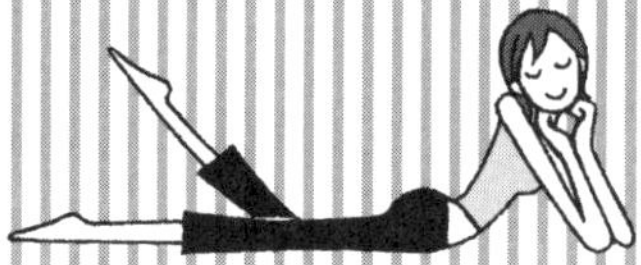

え性も改善されました。ご希望のマイナス8kgにはわずかに及びませんでしたが、大変に満足されました。

S・Mさんからは、感謝のFAXもいただきました。このFAXで、私は通信講座での効果も確信し、通信コースを本格的にスタートさせる決意を固めたのです。

「これが私?!」と、体験者が驚く驚異的な即効性

いまでは通信コースの内容も充実しています。

日本全国からのお問い合わせ・お申し込みはいうまでもなく、海外の方にもご利用いただいております。東京での通学コースにも、北は北海道から南は沖縄まで、日本全国から受講に見えています。

これまで、通信・通学の両コースを合わせ、3000名以上の方に「深呼吸ダイエット」をお伝えしてきました。まずその全員といってかまわないと思いますが、このダイエット法は効果をあらわしています。

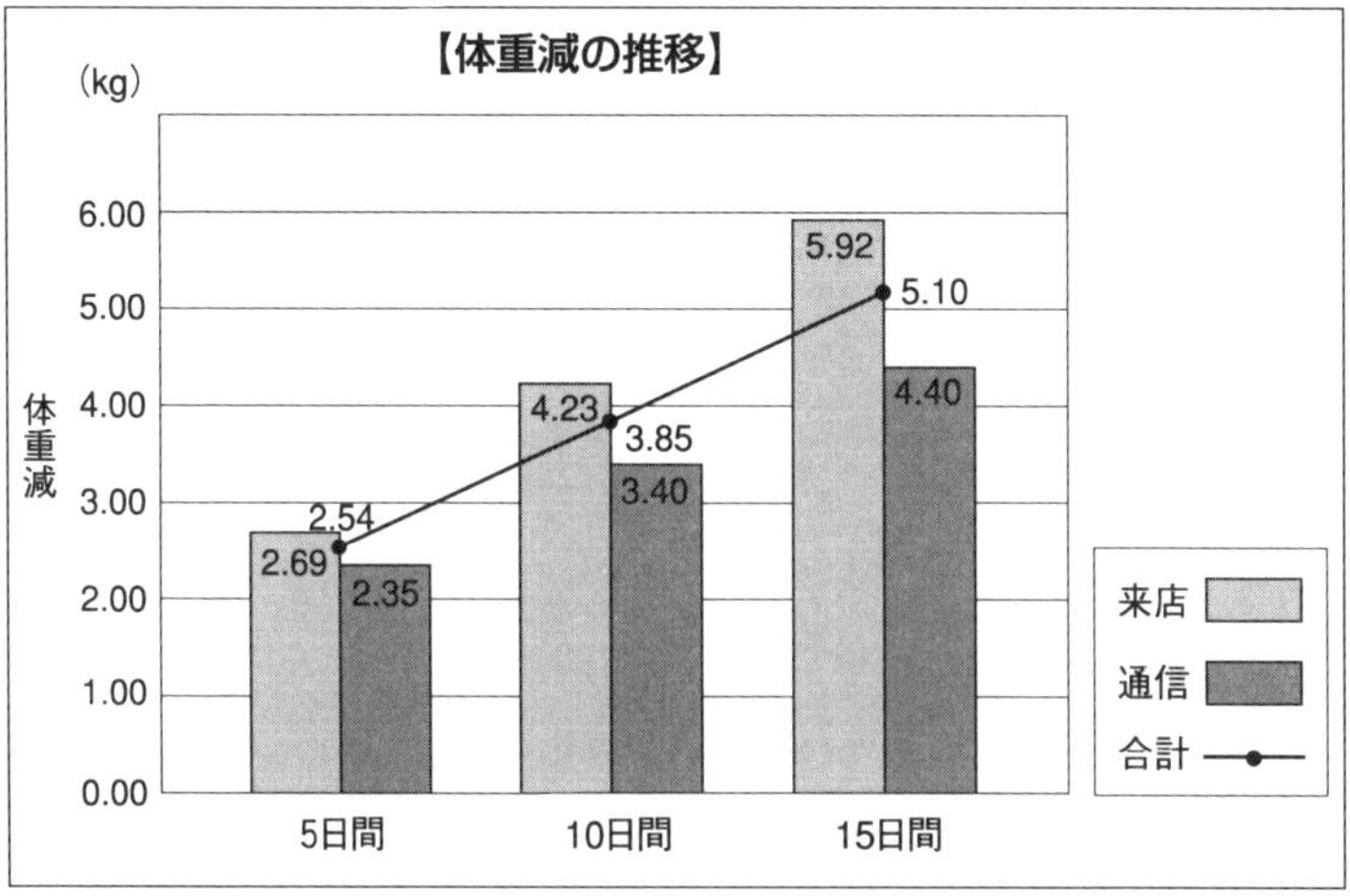

上のグラフをご覧ください。このグラフは、２００３年10月までに、通信コースと通学コースで「深呼吸ダイエット」をマスターされた２００名以上のデータです。

グラフには、２つのデータがありますね。左側は対面指導を受けながらの通学コース、右側は通信コースを利用された方のデータです。

最初の５日間の場合、どちらのコースでも平均２kg以上のダイエットができています。正味10日間（実施期間と休止期間では20日間）では平均４kg弱、正味15日間（実施期間と休止期間では１ヵ月）の場合は平均５kg強のダイエ

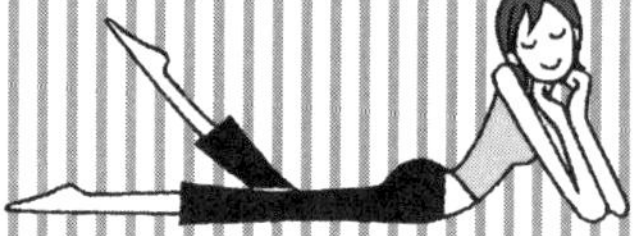

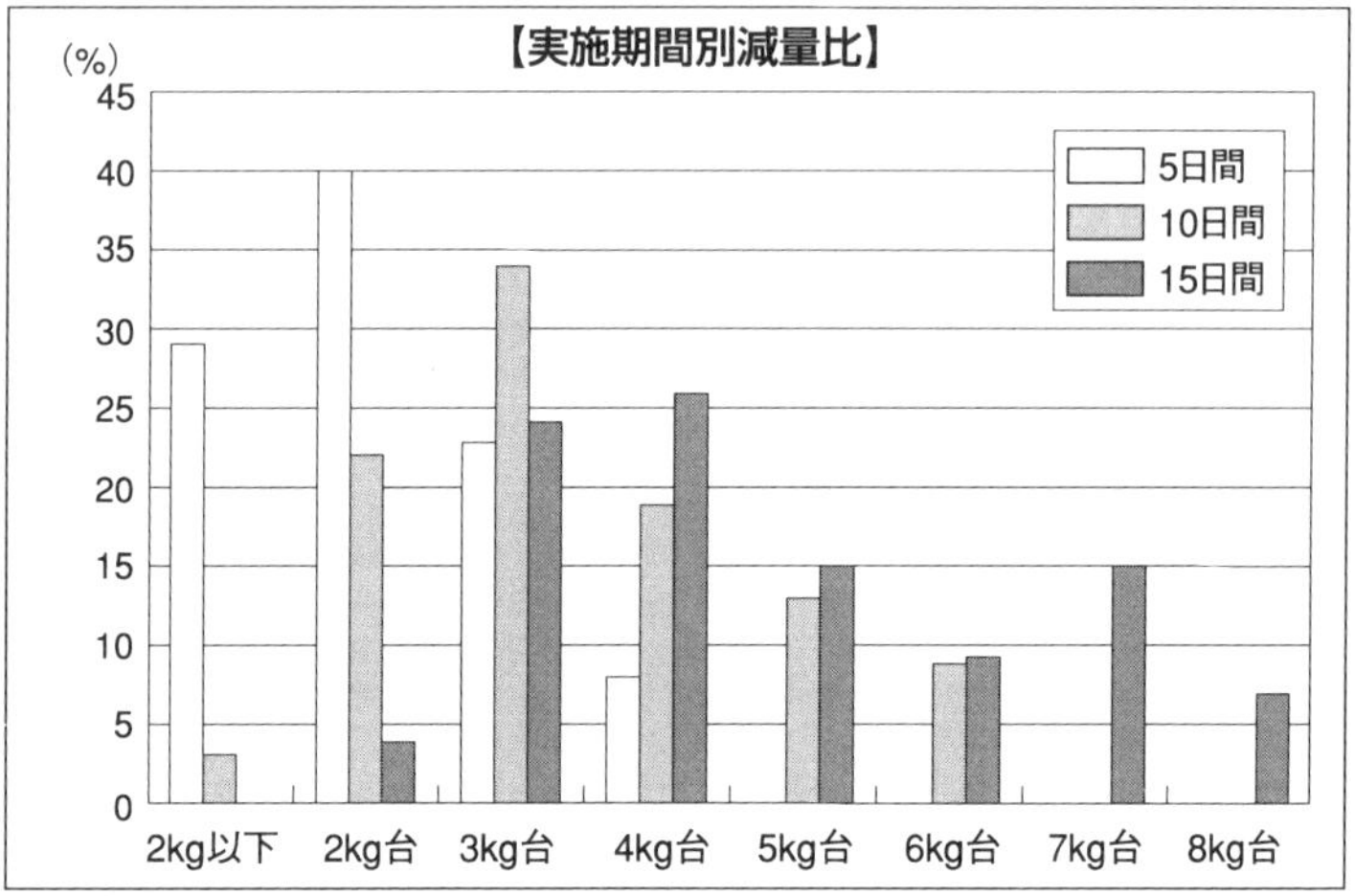

ットが健康的に達成できています。

「正味」というのは、「深呼吸ダイエット」は連続して実施し続けるダイエットではないからです。基本的には、5日間実施して、5日間休みます。だから、実施している期間が正味という表現になるのです。

このデータでお気づきになったでしょうか？　通信コースのすばらしい実績に目を向けてください。他のダイエット法でも通信で指導するものがあるでしょうが、ここまでの実績を上げるものはないのではないでしょうか。

もう少し、詳しいデータもご紹介しましょう。

右のグラフからお分かりのように、最初の5日間で、全体の70％の方が2kg以上のダイエットに成功されています。3kg台は23％、4kg台の方も8％ほどおられます。

正味10日間で3kg以上ダイエットされた方も、70％以上です。4kg台は19％、5kg台は13％、6kg台も9％程度おられます。

正味15日間で4kg以上ダイエットされる方も、同じく70％以上です。5kgは15％、6kg台は9％、7kg台は15％、そして、8kg以上の方も7％おられます。

最近の利用者には、5日間で6kgの減量、15日間で10・4kgの減量をできた方の体験談もあります。

「私はなかなか痩せなくて……」

ほとんどの方が、「深呼吸ダイエット」を実施される前、こうおっしゃいます。

でも、たった1カ月の短期間でこれだけの成果が上がったのです。

「これが私なの!?　信じられない！」

みなさん、その驚きを隠せませんでした。

リバウンドもなし。これも深呼吸ダイエットの一大特長です

驚異的な即効性は、「深呼吸ダイエット」の大きな特長です。もう一つ、このダイエット法には、ほとんどリバウンドがありません。

これまでのダイエット法では、せっかくダイエットできてもすぐにリバウンドしてしまうものが多いようです。なかなか結果が出ないことと並び、これがダイエッターに共通する大きな悩みでしたよね。

肥満の原因には、生活習慣や食習慣もあります。これら習慣の見直しをせず、痩せる結果だけを求めるダイエットを実行すれば、基礎代謝の低下やホルモン分泌のアンバランスを招きます。そこから、リバウンドしやすいのです。

「深呼吸ダイエット」をしっかりマスターされた方は、いままでのダイエット法と違い、リバウンドをほとんど経験されていません。

「1日1回の呼吸法と腹八分目の習慣がついたので、心配していたリバウンドもあ

りませんでした。現在、終了時よりマイナス1kgを維持しています」

「生理をはさんでいたのでリバウンドを心配していましたが、リバウンドもなく、ひと安心です」

「呼吸法をできない日や、食べすぎかなと思った日があり、リバウンドを心配していました。でも、体重は変化なし」

あとでお話ししたいと思いますが、このダイエット法をマスターすると、食習慣が見直されるようになります。自律神経の乱れも調整され、ホルモンの分泌も正常になります。それらがダイエッターの大敵、リバウンドを防ぐことになります。

マスターしてしまえば、追加投資ゼロでらくらく体重コントロール

「深呼吸ダイエット」をおこなうと、短期間で、無理なくダイエットできます。他のダイエット法のように、リバウンドを心配する必要もまずありません。

さらに、基本は、寝ながらのリラックスした呼吸法です。呼吸法といっても、**ヨ**

ガの呼吸法や丹田呼吸法と違い、むずかしいポーズや動作も一切ありません。訳の分からない無理なストレッチも不要で、老若男女を問わず、誰でもできます。

もっとうれしいことがあります。お分かりになりますか?

この本だけでマスターできれば、1200円の本代だけですむことです。呼吸法の道具といえば自分の体と空気です。どちらもお金をかける必要ありませんね。

まだあります。

追加出費が一生ゼロ! 一度マスターしてしまえば、あとは自分の体を使って自分で実行するだけでいいからです。

ほとんどのダイエット法は、**「やめればおしまい」「金の切れ目が縁の切れ目」です。体重をキープするために、追加投資、追加投資、追加投資……の繰り返しになってしまいます。**「深呼吸ダイエット」とは大違いですよね。

希望通りに、ダイエットした未来を想像してください。終了時点の体重をキープしていても、お付き合いなどが続くことがあります。

楽しいからとついハメを外して食べすぎ、体重が3kg増えてしまった!

こんなことが起こらないとも限りませんね。でもそれくらいなら、1~2日の

「深呼吸ダイエット」で、すぐに元の体重にもどります。

他のダイエットなら、どうでしょう。お金を出して、またダイエットにチャレンジです。多くのダイエッターにとって、**追加出費一生ゼロは、最後のダイエットに絶対不可欠な条件といえるでしょう。**

自然治癒力のアップで、いろいろな改善効果も得られます

「深呼吸ダイエット」を体験された方からは、ダイエット効果以外に、体調に関するさまざまな効果も報告されています。

「しばらくなかった生理が、始めてから数日後に始まった」

「肩こりをまったく感じなくなった」

「夏でもひどかった冷え性が、ウソのように消えた」

「長年の不眠症が改善した」

「血圧、中性脂肪値やコレステロール値、血糖値が正常にもどった」

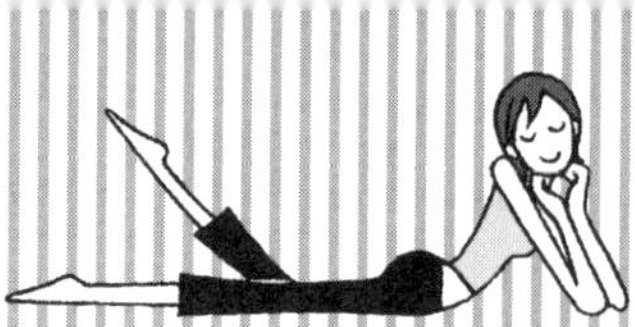

「なかなか子供が授からなかったが、妊娠できた」

体験者の方からは、こうしたうれしい報告が続々と寄せられています。体の不調を自分の力で改善することで、感動と自分に対する自信を獲得されています。

「このダイエット法から、どうしてそんな効果が生まれるの？」

不思議に思われるかもしれませんが、私にいわせれば、当然の結果です。

実は、「深呼吸ダイエット」のベースは、叔父が開発した「ＢＣ７２０生体健身法」という体質改善法なのです。「深呼吸ダイエット」は、効果的なダイエットのために、その生体健身法のエッセンスをまとめたものなのです。

ＢＣ７２０の「ＢＣ」は英語のBreath Controlの頭文字で、「７２０」は72回の呼吸でＯＫという意味です。つまり、「呼吸法をベースに、自然治癒力を高めることで健康な体にする方法」なのです。

この方法を実践すると、自然治癒力が高まります。自然治癒力が高まると、体は健康で正常な状態にもどろうとします。だから、これまでの体調の不良やいろいろと困った症状が改善されるのですね。

「私にいわせれば、当然の結果です」

私がこういった理由も、これでお分かりいただけたはずです。

中国発、オーストラリア仕立てのダイエット健康法

中国には、4000年の呼吸養生法の精華があります。中国系オーストラリア人の私の叔父は、その呼吸養生法をふまえた生物生理学、それに人間の体の自律神経システムについて長年の研究を積み重ねました。「深呼吸ダイエット」のベースである「BC720生体健身法」は、その集大成として1989年に誕生したのです。

1995年から、叔父は、オーストラリアや中国各地で、この生体健身法を多くの人に指導し始めました。私がオーストラリアに行ったのは、それから2年後の1997年です。そのときの私の体験はすでにお話ししました。

この生体健身法で用いる呼吸法は、中国古来の腹式呼吸法、閉息呼吸法、丹田呼吸法、それに数息呼吸法などの集大成です。「深呼吸ダイエット」には、そのエッセンスが受け継がれています。

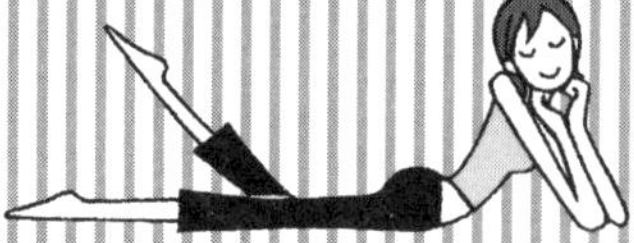

私たちの体を構成しているのは、5大元素（酸素、炭素、水素、窒素、ミネラル）です。

このうち、全体の65％を占める酸素と3％の窒素は、呼吸から得られます。

あとで触れますが、ダイエットや体質改善では、体のなかに取り入れる酸素の役割が非常に大切です。そのため、ＢＣ７２０生体健身法の70％は、効率のよい呼吸法が占めています。残りの30％が、生活習慣や食習慣を見直すためのアドバイスになっています。

呼吸法は、短期間で、無理のないダイエットと劇的な体質改善を実現するツールとして非常に重要です。ただし、肥満や体の不調、それに心身の悩みのなかには、ストレスや生活習慣、食習慣などに起因するものが少なくありません。だから、ストレスの原因や生活習慣、それに食習慣を見直さない限り、最後のダイエットや根本的な体質改善にはなりません。

「深呼吸ダイエット」は、呼吸法と体質改善の両面に目を向けています。ですから、先ほどご紹介したようなうれしい効果が、いろいろとあらわれてくるわけなのですね。ほかにもホームページでたくさんの声を紹介しています。

PART1

エンドレスダイエットから最後のダイエットへのご招待

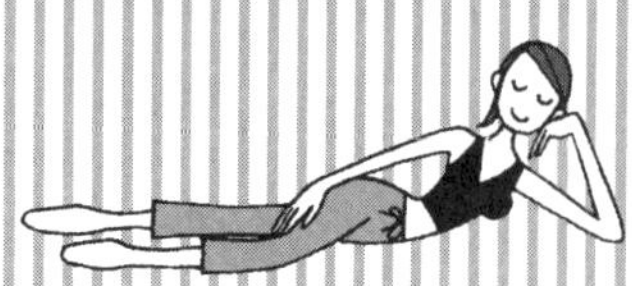

痩せたいあなたがハマってしまうダイエットの落とし穴

「すぐに『深呼吸ダイエット』をやってみたい！　早く教えて！」

こう思われているかもしれませんが、少しだけお待ちください。このダイエット法に取り組む前に、ぜひあなたに知っておいていただきたいことがあるのです。

これから述べることをきちんと理解したうえで、「深呼吸ダイエット」に取り組んでいただければ、あなたもきっと満足できる結果を出すことができます。

ここ十数年間、あるおもしろい社会現象が起きているようです。

テレビなどでは、よくいろいろなダイエットを取り上げています。「理想のダイエット法があった！」「究極のダイエット！」といったタイトルがつけられ、なかなか魅力的ですね。あなたも、よくご覧になるのではないでしょうか？

テレビであるダイエット法が取り上げられると、翌日、スーパーやデパートでは関連の食材や器具の在庫が一掃されるといいます。数十万、数百万単位の人びとがダッシュし、われ先に手に入れようとするからですね。

また、別の番組で「初公開！　これが理想のダイエット」と他のダイエット法を取り上げると、同じ現象が起こります。ほぼ同じ人びとが、同じスピードで、同じ行動を繰り返すわけです。

では、理想のダイエットとはどんなものなのでしょう？

「簡単で、健康的で、経済的で、短期間でベストプロポーションに持っていけるもの。それに、リバウンドのないもの、かな」

おっしゃるとおり、それが理想的なダイエットといわれているものです。ここには、「簡単」「健康的」「経済的」「リバウンドなし」というキーワードがあります。

多くのダイエットサプリメントやダイエット食品、ダイエット法の宣伝文句のなかで、こうしたキーワードが使われています。これらのキーワードを実現することが、もっとも効率の良いダイエット法と考えられているからですね。

では、そういった文句をウ呑みにし、ダイエット商品やダイエット法を試して、どのキーワードにも当てはまらない結果になってしまいませんでしたか？

いろいろなものにトライしているうち、結局、自分の年齢と財布の厚みだけが変

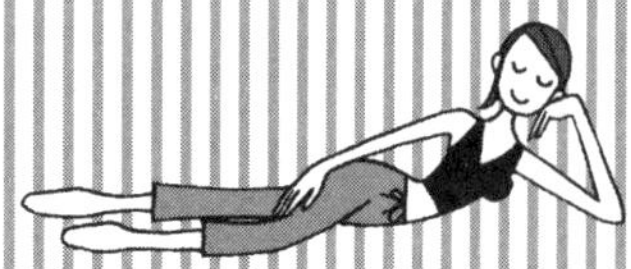

わったのではないですか？

もしあなたに思い当たるところがあれば、理由はただ一つです。

それは、「肥満解消という結果」だけを見ていたからです。肥満解消の目的でダイエットに取り組むほとんどの人は、この「結果」しか目に入っていないようです。

そして、ダイエット・アイテムやダイエット法を、「結果を得るための手段」としか見ていないのです。これが、痩せたいあなたがハマるダイエットの大きな落とし穴です。

自分の肥満の原因はどこにあるのか！

肥満解消の目的でダイエットに取り組むとき、これが最も重要なポイントです。

このポイントをあらかじめ究明せず、むやみに結果だけを求めても、ダイエットに成功することはありません。

成功ポイントは「ＨＯＷ」より「ＷＨＹ？」を大切にすること

「でも、『深呼吸ダイエット』だって、いまのキーワードと同じでしょ」

確かに、「深呼吸ダイエット」でも、前出のキーワードを使います。なぜなら、これらのキーワードに合致する理想のダイエットだからです。

すでに、「深呼吸ダイエット」の驚異的即効性をご紹介しましたね。なぜこうした驚異的な即効性、それもリバウンドなしの即効性が得られるのでしょう？

これも理由は一つです。「結果」ではなく、「なぜ？」を追求するからです。

考えてもみてください。

「どうすれば痩せられるのか？」の前に、「なぜ、私は太ってしまったのだろう？」を考えれば、ダイエットの道は自然と見えてくるでしょう。

どうすれば痩せられるか？　これは「HOW」の世界です。

なぜ、太ってしまったのか？　これは「WHY？」の世界ですね。

いままで、HOWの世界でのダイエットはうまくいきませんでした。なぜなら、そこに「WHY？」の世界、「WHY？」の正しい知識がなかったからなのです。

これが、あなたにまず知っていただきたかったことなのです。「深呼吸ダイエット」では、「HOW」より「WHY？」を大切にします。

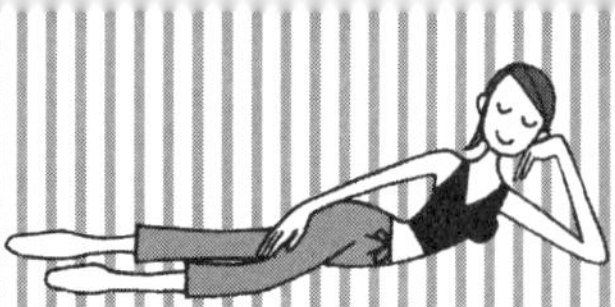

そこで質問。あなたが肥満になった原因は何でしょうか？

「ああ、またそれ。食べすぎ、ストレス、運動不足、基礎代謝の低下っていうんでしょ。その話は耳タコ、とっくに分かっていますよ」

そう思った人こそ、この本を最後まで読んでいただきたいのです。なぜなら、そういうあなたは、ダイエットがうまくいかない本当の原因を知らないからです。

もし本当の原因を知っていれば、あなたはダイエットに成功していたはずです。ダイエットとリバウンドの悪循環の万年ダイエッターから、とっくに脱出できていたはずなのです。

まず、二つの「WHY？」を知りましょう

肥満解消を目的としたダイエットには、「不滅のダイエット不等式」があります。

その不等式をお聞きになったことがあるでしょうか？

消費カロリー＞摂取カロリー

⬇
ダイエット成功
これが不滅のダイエット不等式です。では、なぜこんな不等式があるのか、その理由がお分かりですか？
摂取カロリー＞消費カロリー
⬇
肥満
そう、肥満にはこの「不滅の肥満不等式」があるからなのです。
そこで、多くのダイエット法が、「消費カロリー＞摂取カロリー」を目ざすことになります。その方法が氾濫している「HOW」、不滅のダイエット不等式を満たすいろいろなダイエット法なのですね。
ここで大切なことがあります。
それは、「消費カロリー＞摂取カロリー⬇ダイエット成功」の不等式を満たす「HOW」を求める前に、二つの「WHY?」を整理することです。
①WHY?　摂取カロリー＞消費カロリーになったのか？

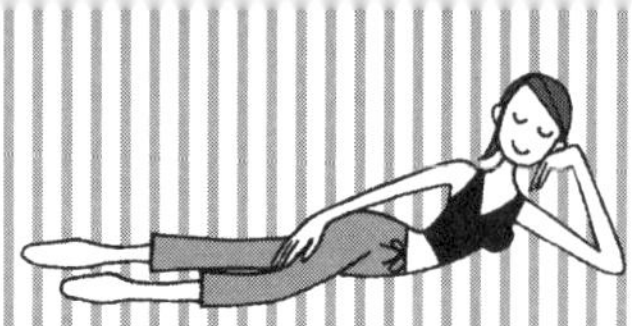

②WHY? 思うように痩せないのか?

これが二つの「WHY?」です。この二つの「WHY?」について、私と一緒に整理してみましょう。

肥満にはいくつかのタイプが。あなたはどのタイプ?

肥満にはいくつかのタイプがあります。いくつのタイプがあるか、ご存じですか?

「肥満なんて、タイプは一つでしょ」

頭からこう答えたあなたは×。あなたがなかなかダイエットに成功できない理由がここにもあります。

実は、肥満には3つのタイプがあります。次の図をご覧ください。ここにあるとおり、原因によって肥満は3つのタイプに分類されるのです。

①シングルパンチ型

【成因から見る肥満のタイプ】

成因から見る肥満タイプ	消費カロリー 基礎代謝	消費カロリー 生活消費	摂取カロリー	原因
シングルパンチ型	↓			老化、代謝悪い
		↓		運動不足
			↑	食べすぎ
ダブルパンチ型	↓		↑	食べすぎ＋老化・代謝悪い
		↓	↑	食べすぎ＋運動不足
トリプルパンチ型	↓	↓	↑	運動不足＋食べすぎ＋代謝悪い

この型は、「基礎代謝の低下」「生活消費カロリーの低下（いわゆる運動不足）」、それに「摂取カロリーの増加（食べすぎ）」のどれか一つが原因になっています。私が経験した「ストレスによる食生活の乱れ」も、このシングルパンチ型に属します。

消費カロリーの低下

↓

摂取カロリー＞消費カロリー

↓

肥満

または、

摂取カロリーの増加

↓

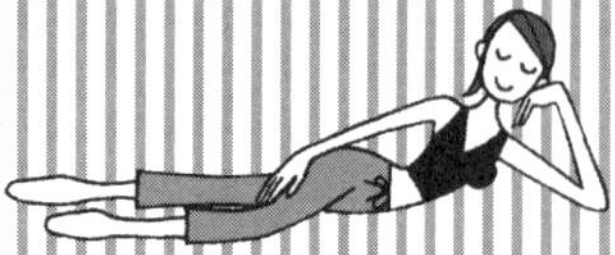

摂取カロリー＞消費カロリー

⬇

肥満

この不等式であらわされるように、シングルパンチ型の肥満は原因が単純です。原因に見合う正しい対処法を講じれば、肥満は比較的早く解消されます。

ただ残念なことに、多くの場合、このタイプに当てはまりません。とくに30代以上の方の場合、このタイプには当てはまる人はほとんどいません。

②ダブルパンチ型

この型は、原因が重なっています。だからダブルパンチ型といいますが、肥満に悩まされている人のほとんどがこのタイプです。

たとえば、「加齢や体の不調（冷え、むくみ、睡眠不足など）による基礎代謝の低下」と「摂取カロリーの増加（食べすぎ）」、あるいは「生活消費カロリーの低下（運動不足）」と「摂取カロリーの増加（食べすぎ）」が重なって起こります。

摂取カロリーの増加＋消費カロリーの低下

⬅ 摂取カロリー＞消費カロリー
⬅ 肥満

式ではこうあらわされますが、このタイプの肥満の原因は複数です。そのため、ダイエットの際には「基礎代謝の向上」とともに、「運動量の増加」や「食事制限」を同時にはかられなければなりません。

③トリプルパンチ型（あるいはマルチ型）

ダブルパンチ型より、原因が複雑なタイプです。「基礎代謝の低下」と「生活消費カロリーの低下（運動不足）」、それに「摂取カロリーの増加（食べすぎ）」などの原因が重なっています。

摂取カロリーの増加＋消費カロリーの低下
⬅ 摂取カロリー＞消費カロリー

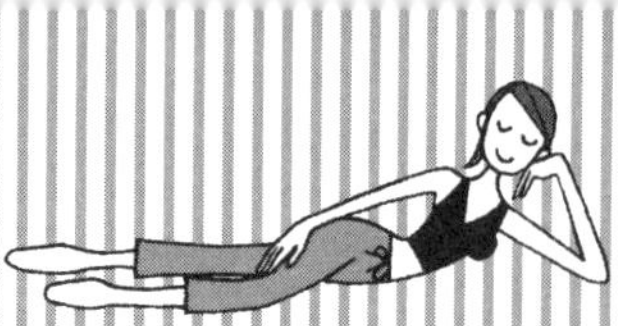

⬅ 肥満

式にするとダブルパンチ型と同じですが、トリプルパンチ型のほうがより原因が重なっています。そのため、「消費カロリーの低下」と「摂取カロリーの増加」が同時に深刻化していく最悪の肥満パターンです。

さあ、あなたの肥満はどのタイプでしょうか？

なかなか痩せないA様とリバウンドするB様。WHY？

ここに、いつも一生懸命にダイエットに取り組んでいるお二人、A様とB様がいます。

A様はこれまでにサプリメント、代替食、有酸素運動、食事制限など、ありとあらゆるダイエット法にチャレンジしてきました。でも、どれも効果を実感できず、なかなか痩せることができません。

A様は、なぜ痩せることができないのでしょうか？　いまの話を思い出しながら、答えてください。

「A様の肥満はダブルパンチ型、あるいはトリプルパンチ型だった。それなのに、シングルパンチ型のダイエット法しかしてこなかった！」

そうです、この答えが◎。大正解です。

ダブルパンチ型、あるいはトリプルパンチ型の肥満は、複数の原因が重なっていました。だから、一つの原因に対する対処法だけに一生懸命チャレンジしても、なかなか思うように痩せることができないのですね。

一方のB様は、数十年の間、「不撓不屈」のチャレンジ精神で何度もダイエットに挑戦してきました。

B様は、自分の肥満の原因を知っているつもりでした。そこでヨガをやったり、スポーツクラブに通ったり、食事制限をしたりと、総合的にダイエットに取り組んできたつもりでした。

そのたびにそれなりの効果は得られるのですが、成果をキープすることができません。どうしてもリバウンドしてしまうのです。

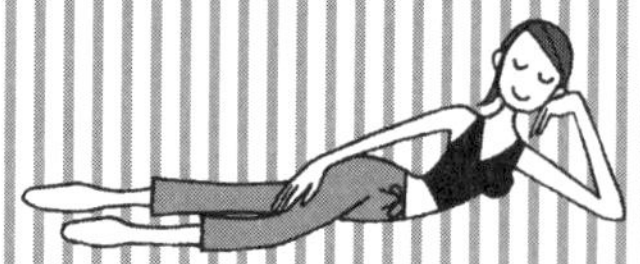

しかも、ダイエットとリバウンドを繰り返しているうち、だんだん痩せにくくなってきます。以前は効果のあった方法に再チャレンジしても、なかなか思うような効果を得られなくなっていました。

なぜ、こうなってしまうのでしょうか？

「B様は、ダイエットの意味を間違えてとらえていたからです！」

こう答えられたあなたは100点満点。

B様は、結果である「肥満解消＝体重減」ばかりを気にしていました。

体重の大幅減は果たせたのですが、肥満の正体＝余分な体脂肪を減らすのではなく、筋肉を落としてしまったのです。その結果、不本意にも、「ダイエットの落とし穴」に陥ってしまったのです。

基礎代謝の低下

↓

消費カロリーの低下

↓

リバウンド

これが、Ｂ様の陥ったダイエットの落とし穴です。

Ｂ様と同じようなダイエットの落とし穴にはまるダイエッターは少なくありません。いくら不撓不屈の精神でダイエットにチャレンジしても、これではダイエットとリバウンドの繰り返しから逃れることはできません。

Ａ様とＢ様をうらやましがらせる二人

いまＡ様とＢ様のお話をしました。この二人のように、間違ったダイエット法をしている限り、いくら一生懸命努力してもダイエットは成功しません。

「深呼吸ダイエット」を聞きつけ、Ａ様とＢ様と同じような悩みを持つ方がこられます。いえ、ほとんどがＡ様とＢ様と同じ悩みといってもいいでしょう。

２年ほど前のこと、「深呼吸ダイエットをやりたい」と、Ｙ・Ｓさん（女性、44歳）がこられたことがありました。

Ｙ・Ｓさんは主婦でしたが、すごくまじめで努力家でした。毎日20㎞のウォーキ

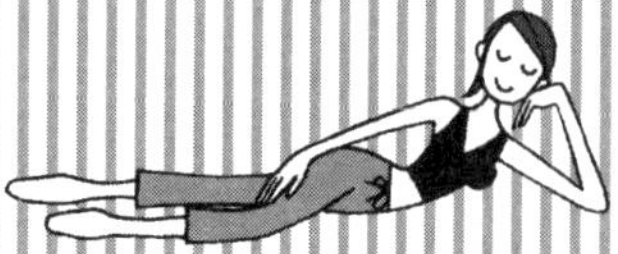

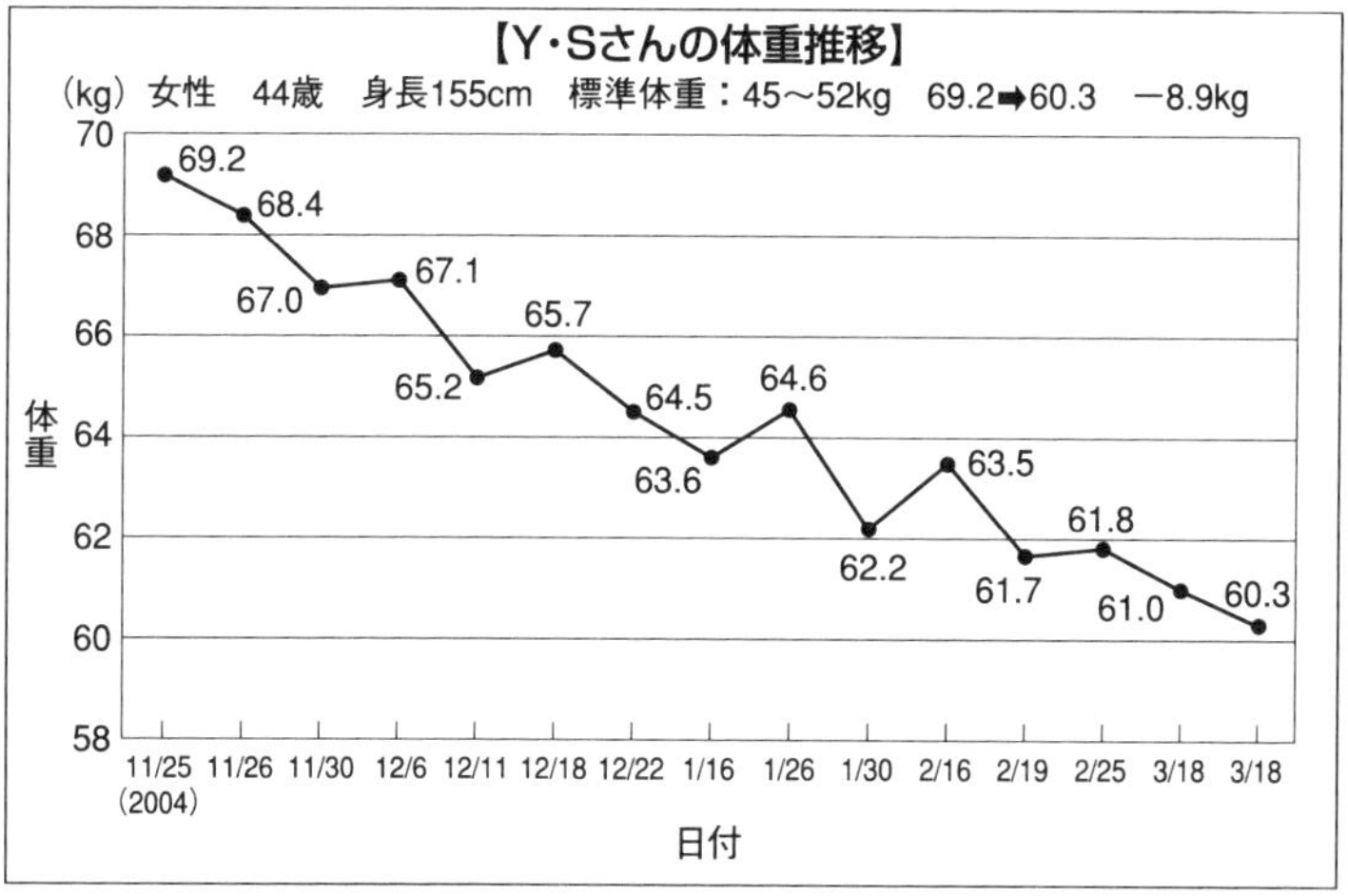

ングを欠かしません。それもなんと、連続4ヵ月間も続けられていたのです。

4ヵ月目のある日、彼女はウォーキングをやめました。4ヵ月間の努力の成果で体重は1・5kg減ったのですが、膝を痛め、これ以上歩けなくなったからです。ウォーキングをやめてたったの3日間で、体重は1・2kg増えていました。

155cmの身長に、体重は69・2kg。BMI＝28・8と立派な肥満です。

彼女には、「深呼吸ダイエット」を経験した友人がいました。その方は4ヵ月で12kgのダイエットに成功していました。

【T・Yさんの体重推移】

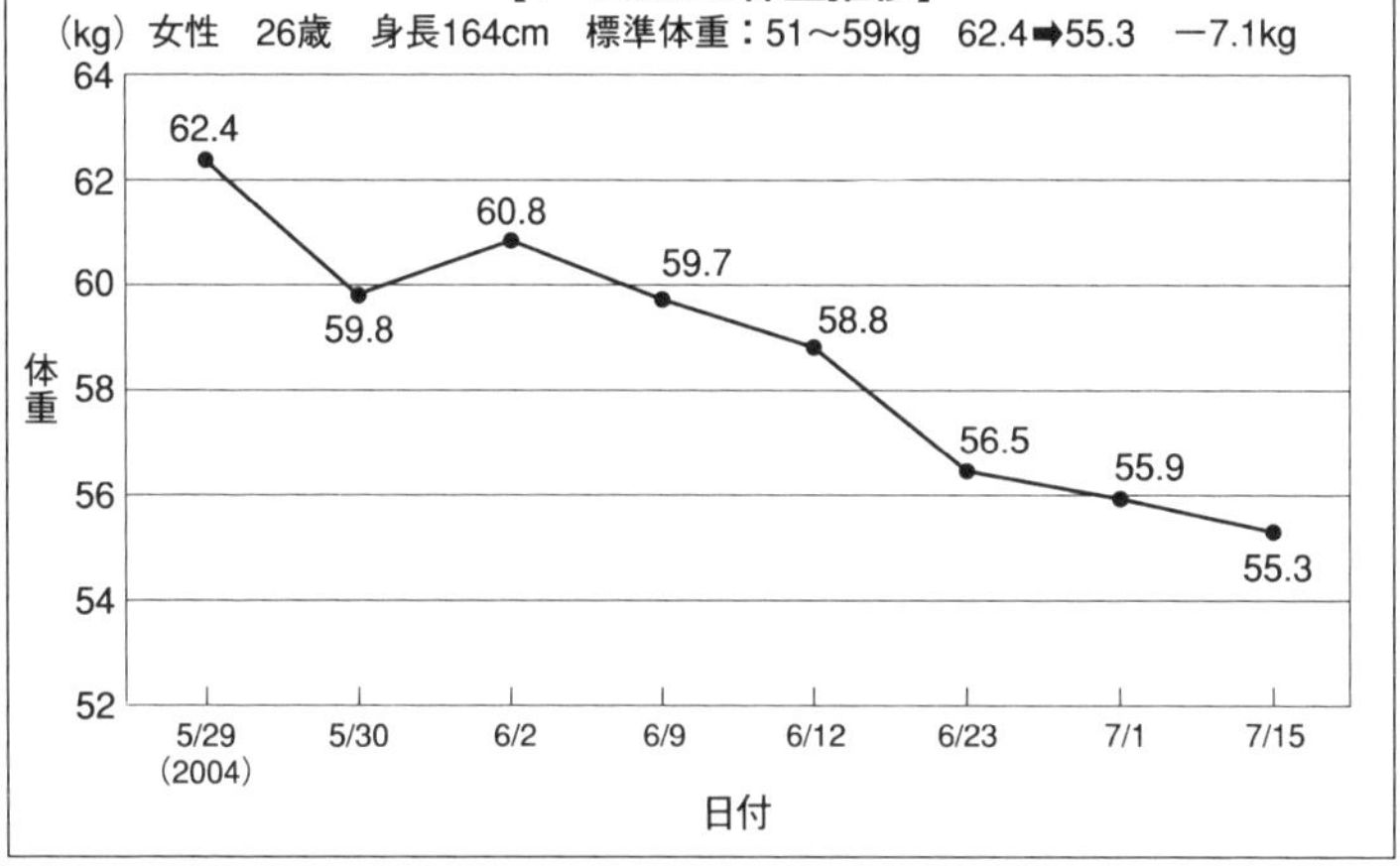

ウォーキングできないけれど、ダイエットしたい！

友人からこのダイエットの話を聞き、Y・Sさんは私のところに駆け込んでこられたのです。

そして、「深呼吸ダイエット」を実践され、3ヵ月で体重は60・3kgにまで減りました。目標体重には達していませんが、マイナス8・9kgという納得できるダイエットに成功しました。

もう一人、ご紹介します。

2004年5月、T・Yさん（女性、26歳）が私のところにやってこられました。彼女が私のところにこられたのは、ネット上で流行っているすべての

ダイエット法を一通りチャレンジしたあとでした。

24歳のとき、彼女はフィットネスクラブと食事制限で、66kgから46kgと20kgのダイエットに成功した経験がありました。しかし、リバウンド……。2年後の26歳のときには、63kgにまでもどってしまったのです。

相変わらず、ほとんど毎日のようにフィットネスクラブ通い。1日3時間ものハードトレーニングと食事制限をしたのですが、いっこうに痩せません。30万円かけてエステにも通いましたが、ほとんど効果はなかったとおっしゃいます。

私のところにこられたとき、身長164cmの彼女の体重は62・4kgでした。BMI＝23・2で、標準体重の59・2kgをわずかに上回っています。

わずか2週間の「深呼吸ダイエット」の結果、いっこうに減らなかった体重がマイナス3・6kgの58・8kg。BMI＝21・8と、見事に標準体重をクリア。体脂肪率も4％落とされました。この効果に驚かれ、また自信も出てきたようで、1カ月間続けていただくと、体重は55・3kg。1カ月半のトータルではマイナス7・1kg、BMI＝20・1の念願のプロポーションを手にされたのです。

本物のダイエット法は、「瘦せる力」を目覚めさせます

Y・SさんとT・Yさんの二人は、見事にダイエットすることができました。

そこで、「WHY?」です。なぜ、二人はダイエットできたのでしょうか?

「肥満のタイプをきちんとつかんでいたことと、肥満の正体である体脂肪を減らすことができたからでしょう」

もう、いうことはありません。これも◎の答えです。

肥満の解消を目的としたダイエットは、体のなかの余分な体脂肪を減らすことです。そして、最後のダイエット法（根本的なダイエット法）は、その余分な体脂肪がたまる原因を見直し、きちんと再発防止策を取ることです。


減らすべき体脂肪だけを健康的に減らせるか?

肥満の原因になる習慣の見直しができるか?

これが本物とニセモノのダイエット法を見分ける絶対法則です。

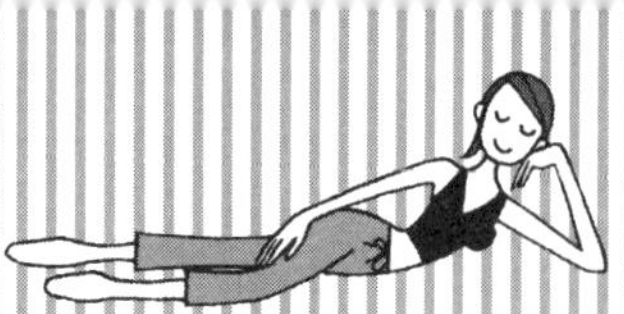

最後のダイエットになるかどうかの大事な分かれ道です。この絶対法則をしっかり理解しておけば、あなたは最後のダイエットにまい進することができます。

本物のダイエット法は、この絶対法則を備えています。その絶対法則から生まれるダイエット・パワーを、私は「痩せる力」と呼んでいます。もちろん、「正しく痩せる力」ですよ。

あなたの内に潜んでいる「痩せる力」を目覚めさせるダイエット法！　これが本物のダイエット法です。

「痩せる力」を目覚めさせないダイエット法！　これはニセモノのダイエット法です。

そして、この「痩せる力」を養う本物のダイエット法には3つの要素が必要です。

3つの要素は次で説明したいと思いますが、この3つの要素をまとめてまかなってくれるダイエット法でなければ、本物のダイエット法、最後のダイエット法にはならないのです。

「痩せる力」の①＝体脂肪を燃やす大量の酸素を取り入れる

さあ、「痩せる力」に必要な3つの要素を紹介しましょう。

最初は、体脂肪を燃やす大量の酸素です。

体を維持するためには、エネルギーが必要です。そのエネルギーになる物質はATP（アデノシン三リン酸）と呼ばれるものですが、では、そのエネルギーはなにからつくられるのでしょうか？

「体の3大栄養素といわれる炭水化物（糖質）、たんぱく質、脂質からでしょう」

そう、この答えが○です。これらの栄養素が分解されてエネルギーがつくられます。そして、その際に、大量の酸素が必要になります。

無酸素の状態でも、エネルギーをつくることができます。ただ、この場合につくられるエネルギーは、酸素を使う場合の約1／20にすぎません。

ここで糖質と脂質を例に、これらの栄養素から体のなかの酸素を使ってどのよう

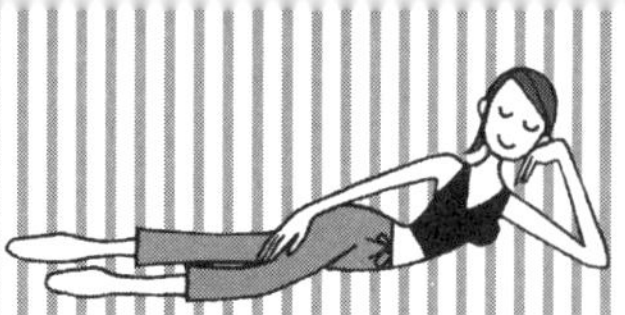

にエネルギーがつくられるかを見てみましょう。

糖質は、小腸で小さな糖質（グルコース）に分解され、小腸から吸収されます。そのあと、肝臓でグリコーゲンや脂肪に変えられます。ちょっと専門的ですが、１分子のグルコースからエネルギーがつくられる場合、６分子の酸素を使い、36分子のＡＴＰがつくられます。

これに対し、体内の脂肪は遊離脂肪酸（主にパルミチン酸）に分解されます。エネルギー源として利用される場合、１分子のパルミチン酸からエネルギーがつくられるには23分子の酸素を使い、１３０分子のＡＴＰがつくられます。

脂肪の分解は、糖質の４倍の酸素が必要！

体脂肪は、体のなかでエネルギーの貯蔵庫の役割を果たしています。**体脂肪を減らすためには、通常時より4倍もの大量の酸素を効率よく体の隅々にまで送らないといけないのです。**

「痩せる力」の②＝ホルモンバランスを調整する

20代から30代の女性は、お腹の周りに体脂肪をどんどんためていく体質になりやすくなります。その理由は、子宮や卵巣など、子供の生育に大切な器官を守るためのエネルギー源をたくわえるためです。

また、生理前はホルモン分泌のバランスの変化で、イライラしやすくなります。いつもより食欲が増し、体脂肪がいっそうたまりやすくなります。

40代以降の女性は、卵胞ホルモンや黄体ホルモンの分泌が急激に低下します。このホルモンバランスの乱れが更年期障害の原因になるわけですが、そのために新陳代謝が低下してきます。

新陳代謝が低下すると、消費カロリーがどんどん減っていきます。食事から摂った栄養素をうまくエネルギーとして消費できなくなってきます。

それなのに、いままでどおりの食事をしているとどうなるでしょう？

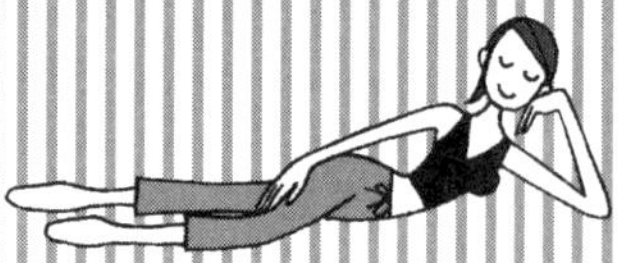

消費カロリーの低下

↓

摂取カロリー＞消費カロリー

↓

肥満

この関係になると、肥満にいっそうの拍車がかかることになってしまいます。見逃されがちですが、ダイエットでは、ホルモンのバランスも大切なのです。

だから、ホルモン分泌のアンバランスを整えてくれないダイエット法にいくらチャレンジしても、思うような結果が得られないのです。さらに、間違った方法で筋肉まで減らしてしまうと、ホルモンバランスがいっそう悪くなってしまうこともよくあります。

「痩せる力」の③
＝セロトニンの分泌を高める

仕事、育児、人間関係などさまざまなストレスを抱えると、自律神経のバランスが崩れ、脳内の神経細胞伝達によるホルモン分泌が乱れてきます。

この場合、交感神経が高まってアドレナリンが多く分泌される一方、セロトニンの量が減り、イライラしやすくなります。セロトニンは満腹中枢の働きをコントロールするダイエットの主役の一つで、脳から分泌されるセロトニンの量が少なくなると、食欲が増え、ドカ食いに走ります。

セロトニンは、ブドウ糖と必須アミノ酸の一種であるトリプトファンの結合によってつくられます。生理前やストレスを感じるときに、無性に甘いものが欲しくなりますね。その理由も、これに関係があります。糖質を多く取り入れることによって、セロトニンをより多くつくらせ、イライラで高ぶった神経を鎮めようとする体の働きです。

でも、この方法でイライラを鎮めようとすると、食べすぎになり、ますます太りやすくなるという悪循環につながります。

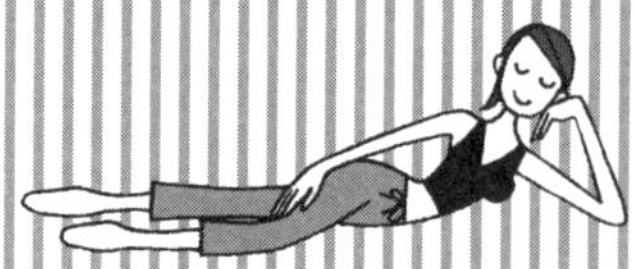

なぜ、「基礎代謝を上げれば、脂肪はガンガン燃える」は×なの？

ところで、この本の「はじめに」で、5つの質問をさせていただきました。覚えていらっしゃいますか？　すべて×が正解でしたが、なぜ×だったのでしょうか？

そう、その理由は「痩せる力」を目覚めさせることができないからなのです。

これまでにもそのヒントは少しずつ出ていましたが、ここでこれらの常識のどこがどう間違っているかのお話をしましょう。

最初は、「基礎代謝を上げれば、脂肪はガンガン燃える」でした。ここで、ちょっとエネルギーがつくられるときのことを思い出してください。

体を維持するための最低限必要なエネルギー、それが「基礎代謝」でした。そのエネルギー源は、糖質、たんぱく質、脂質の3大栄養素でしたね。

そうすると、おかしなことに気づかれませんか？

「あっ、3大栄養素が酸素で燃えて（分解されて）、基礎代謝のエネルギーが生ま

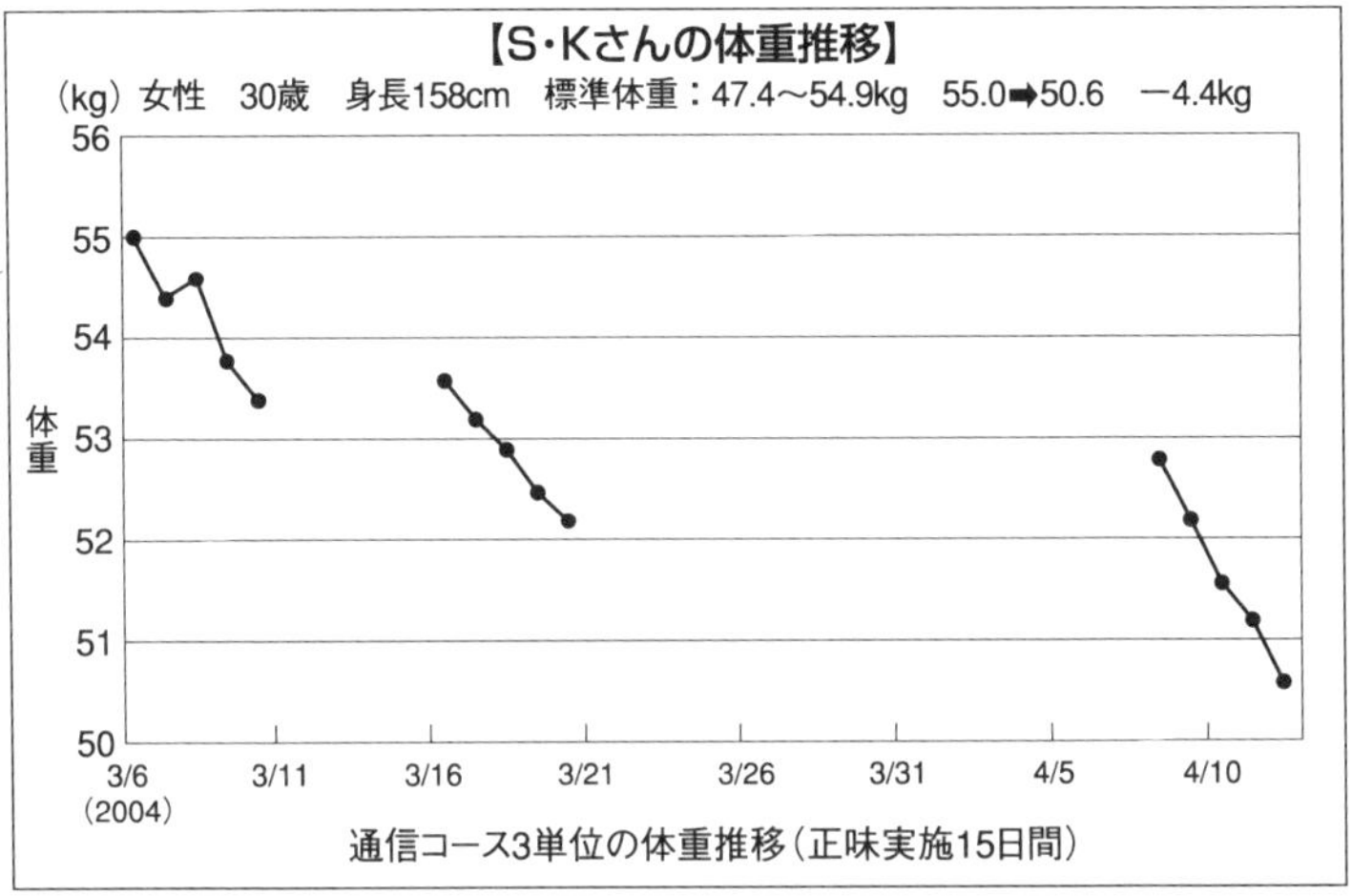

れるんだ！」

そうですね、これは非常に大事なポイントなのです。

脂肪が燃えると、糖質の約4倍のエネルギーがつくられました。この4倍のエネルギーこそ、基礎代謝を大幅にアップするエネルギーになるのです。

だから、脂肪がガンガン燃えて、基礎代謝が上がるが○。基礎代謝を上げれば脂肪はガンガン燃えるは、×なのです。

「深呼吸ダイエット」をされた方のなかにも、このような方はたくさんおられます。たとえば、S・Kさん（30歳）がそのケースでした

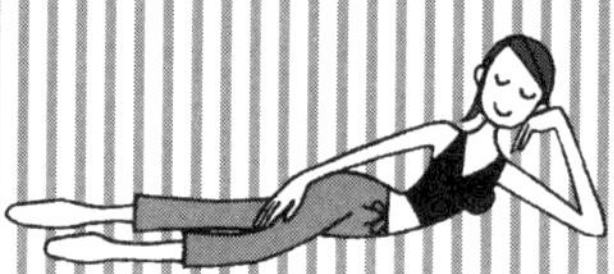

「基礎代謝が低く、冷え性で悩んでいます。食事の量は普通で、油ものや甘いものばかり食べているわけではないのに、4年ほど前から体重が増え始めてもどりません」

S・Kさんはこういわれて、通信コースに申し込まれました。

S・Kさんは身長158cm、体重は55kgでした。通信コースで正味15日間おこなわれた結果、体重はマイナス4・4kgの50・6kg。BMIは22・0から20・3に減りました。これも、基礎代謝が上がって脂肪が燃えたわけではありません。脂肪が燃えて基礎代謝がアップし、その結果としてダイエットできたのです。

なぜ、「健康的にダイエットするには運動が不可欠」は×なの？

では、運動はどうでしょうか？

ランニングマシンの上で、死ぬほどの思いをしながら30分がんばったとしましょう。それで、どれくらいのカロリーが消費されるでしょうか？

【心拍数とエネルギー代謝】

心拍数／年齢	最大心拍数（210-年齢）	脂質代謝中心（最大心拍数の50%以下）	糖質代謝中心（最大心拍数の50%〜80%）	無酸素（最大心拍数の80%以上）
20歳	190	〜95	95〜152	152〜
30歳	180	〜90	90〜144	144〜
40歳	170	〜85	85〜136	136〜
50歳	160	〜80	80〜128	128〜
60歳	150	〜75	75〜120	120〜
70歳	140	〜70	70〜112	112〜

お答えします、ご飯一杯分のカロリーです！

脂肪というのは、安静時に、酸素が豊富な状態のときに効率よく燃えるからなのです。

安静時では、エネルギー源の70％以上が脂肪なのです。

でも、心拍数が最大心拍数の50〜70％を超えると、エネルギー源は糖質が中心になり、最大心拍数の80％を超えるような激しい運動時には脂肪は利用されない、といわれています。

心拍数と脂質代謝の関係は、次のようにまとめることができます。

一般には、210から年齢を引いた

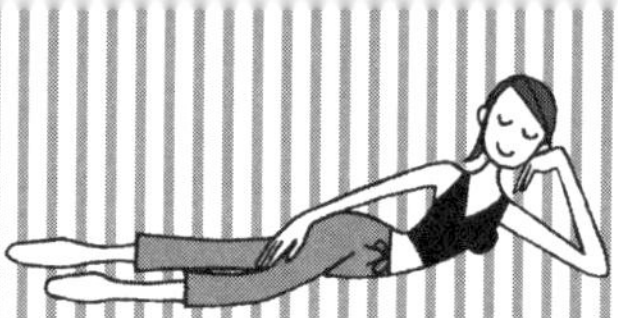

値が最大心拍数ということです。普段からよく運動している人はプラス10。病気をしていたり、運動をしていない人はマイナス10の調整をします。

あなたは、スポーツクラブで張り切ってエアロビクスをされていますか。

張り切りすぎると有酸素運動ではなく、無酸素運動の領域に入ることになります。無酸素運動の領域では体脂肪がエネルギー源として利用されません。

「一生懸命に運動しても、なかなかダイエットできない」

思い当たる方は、有酸素運動をやっているつもりなのに、無酸素運動をやってしまっている可能性があります。これでは脂肪が燃えてくれませんから、ダイエットできないのは当たり前の結果なのです。

また、「がんばればいいのだ」とハードな運動にチャレンジする方もいます。その結果、前出のY・Sさんのように思わぬ状態を招くことにもなりかねません。

もう一つ、ハードな運動は大量の活性酸素を発生させますから、逆に健康を損ねるおそれがあります。間違ったダイエット法で、あなたの体は悲鳴を上げているかもしれません。

大切なお金と時間はもっと有意義に使いたいものですよね。

なぜ、「厳しい食事制限をすれば、誰でも痩せられる」は×なの？

「食事制限をすれば、誰でも痩せられる」はダイエットの常識のように思われていますが、間違ったダイエット知識の最たるものです。だから、私は×をつけました。

ここで、大事な質問をさせていただきます。

「食事制限は、体内の酸素供給率を上げるでしょうか？」

もちろん、答えは×ですよね。もうお分かりでしょう、これでは体脂肪を効率よく減らすことができません。ダイエット効果を期待するのがむずかしいことはよく理解していただけると思います。

摂取カロリーの減少をはかろうと、むやみに食事制限する方法もあります。でも、食事制限だけのダイエットでは、体脂肪より体内の水分や筋肉が先に減少します。

極端な食事制限をすると筋肉がごっそり減り、基礎代謝の低下を招きます。そして、食欲をコントロールするセロトニン分泌の調整もできていなければ、あとでド

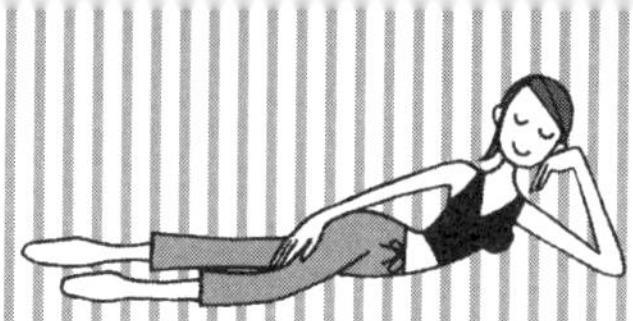

カ食いとリバウンドの原因になるのです。B様と同じことになりますね。

「食事代わりの〇〇ダイエット」が流行っています。たとえば、高濃度カテキン茶を冷やして飲むというダイエット法もありますね。

冷たいものを飲むと腸や体全体が冷え、これも基礎代謝が低下します。結果的に、リバウンドしてもまったく不思議ではありません。

さらに、体温が低下すると血液循環が悪くなり、細胞に酸素と栄養素を供給する能力も低下します。体脂肪細胞を分解する酵素のリパーゼの働きも低下します。

そこからいろいろな体の不調が出てきて、かえって逆効果になる場合も多く見受けられます。

なぜ、「ダイエットとリバウンドの繰り返しで、痩せにくい体質になっている」は×なの?

ここまでの×の説明は、理論の面が強すぎたような気がします。4つ目の×の説明として、「深呼吸ダイエット」の体験者の例を紹介しましょう。

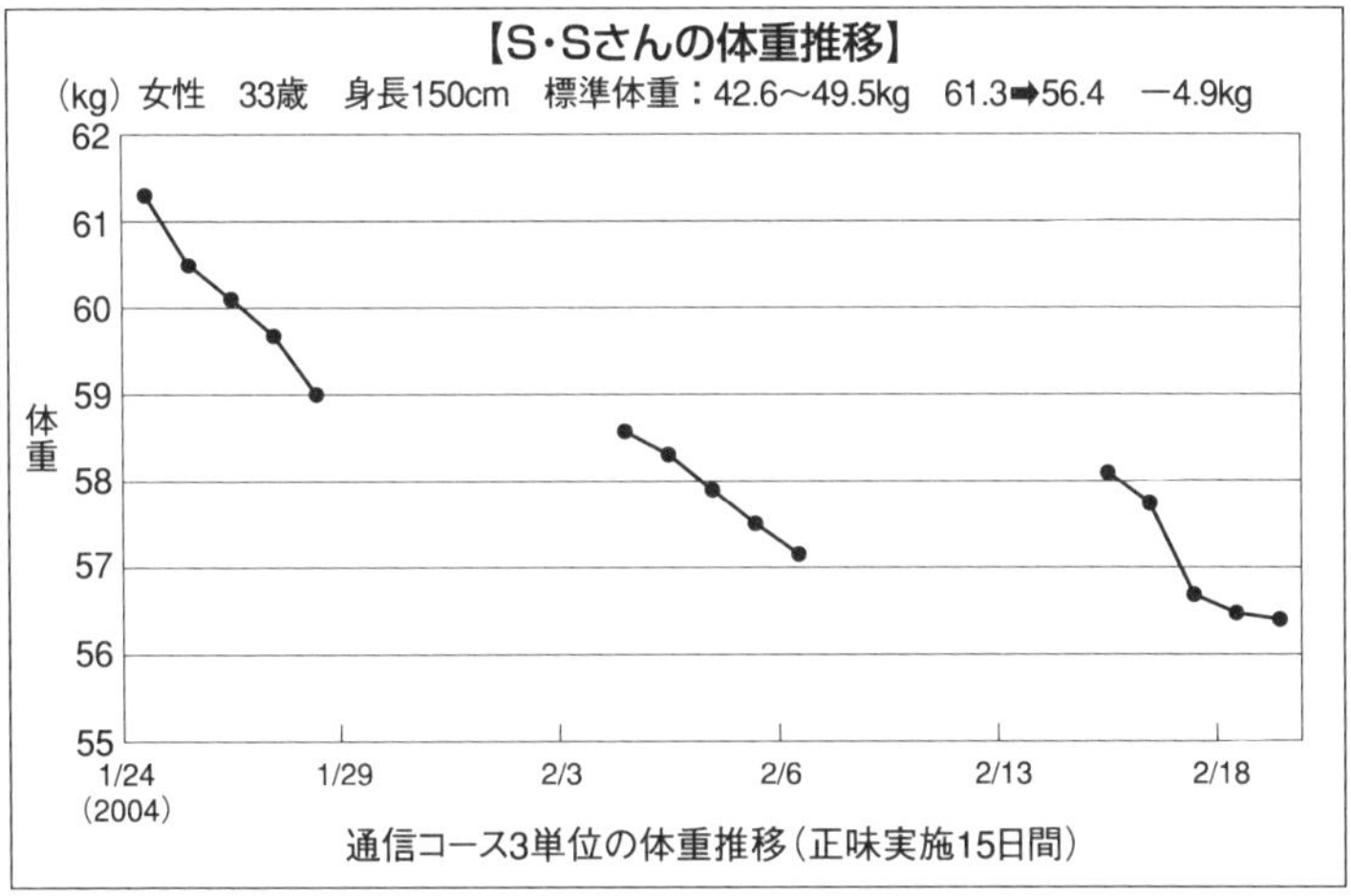

たとえば、S・Sさん（33歳）のケースです。

「何度かダイエットに挑戦しました。でも続かなかったり、リバウンドの繰り返しで成功した試しがありません。30代になって体型が崩れ、中年太りのように下腹から上腹はもちろん、背中全体にも脂肪がついて動くのに苦しく感じます。痩せにくい体質になってしまったのでしょうか？」

S・Sさんは身長150cm、体重は61・3kgでした。

通信コースで正味15日間おこなわれた結果、体重はマイナス4・9kgの56・4kg。BMIは27・2から25・1

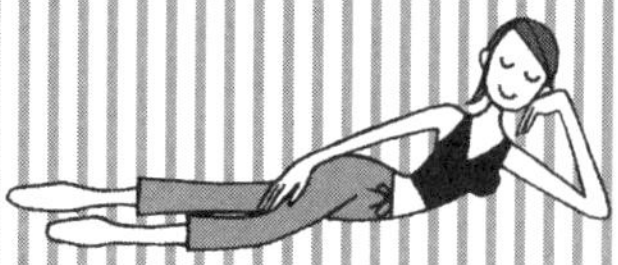

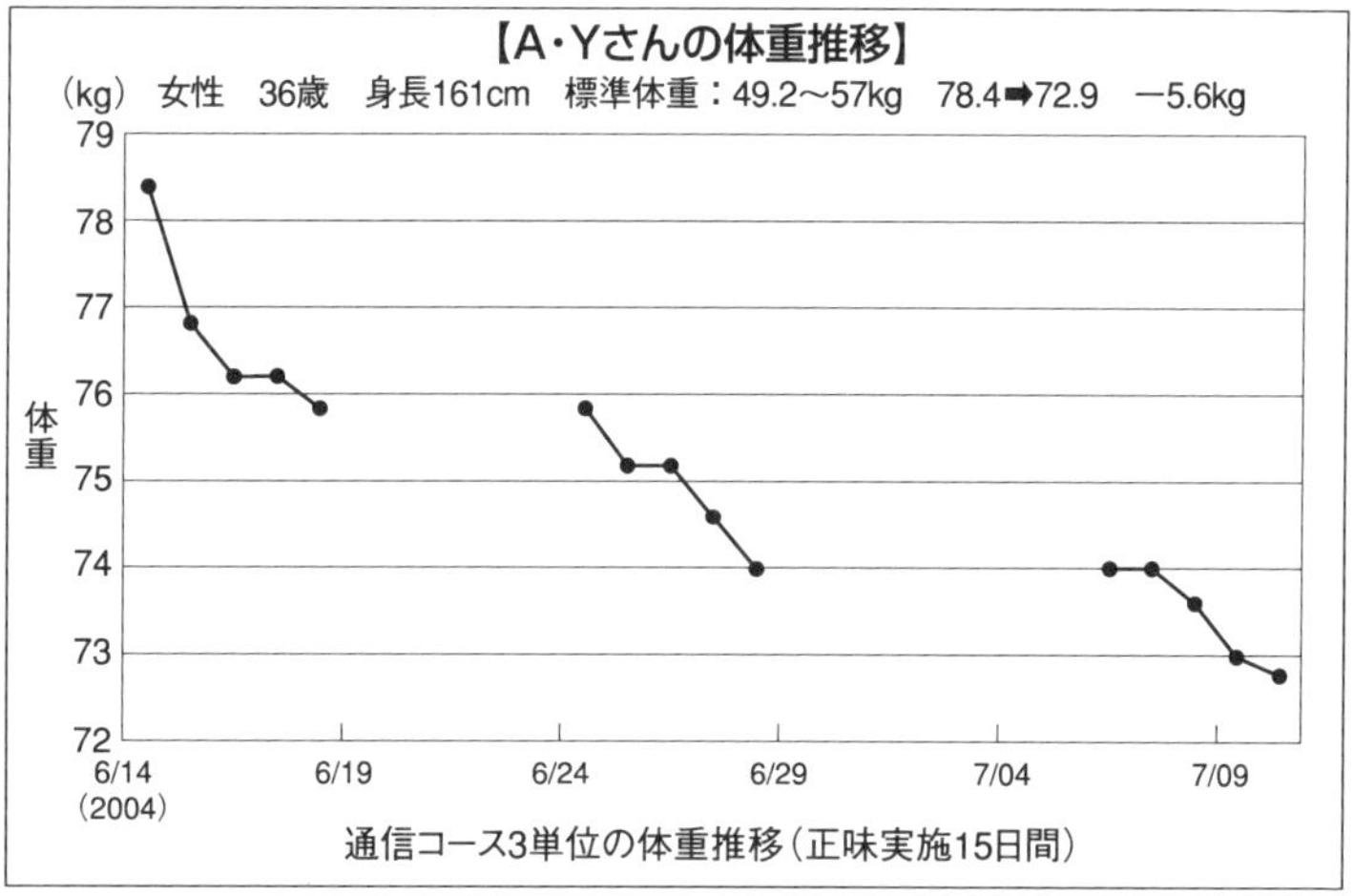

と大幅に改善されています。

もう一人、Ａ・Ｙさん（38歳）のケースもご紹介しましょう。

「小さいころから、ポッチャリした体型で、二度の出産と、ダイエットとリバウンドを繰り返し、25kg太ってしまいました。子供のころから太めだったうえ、いまでは食事の量を多少減らしても、まったく体重は変わりません。かなり太っているのですが、運動して痩せることがむずかしいのです。私は、痩せにくい体質になってしまったのでしょうか？」

通信コースを申し込まれたとき、Ａ・Ｙさんの身長は161㎝、体重は

78・4kgでした。通信コースで正味15日間の「深呼吸ダイエット」を実施された結果、体重はマイナス5・6kgの72・8kg。BMIも30・2から28・1に改善され、BMI＝22を目ざしてその後も続けておられます。

このお二人の例を見てもお分かりのように、ダイエットとリバウンドの繰り返しで痩せにくい体質になったわけではありません。ダイエットとリバウンドの繰り返しして悩む方は、「痩せる力」の3大要素を満たすダイエットをやらなかったからです。

ダイエットとリバウンドを繰り返しても、「痩せる力」を目覚めさせてあげれば、どなたでもきちんとダイエットできるのです。だから、この質問は×なのですね。

なぜ、「簡単、短期間、健康的、経済的、リバウンドなしのダイエットなどない」は×なの？

いよいよ最後の×です。ここまで読まれた方は、もう×の理由はハッキリ見えているはずですね。「深呼吸ダイエット」はこれらの条件をすべて満たすダイエット法

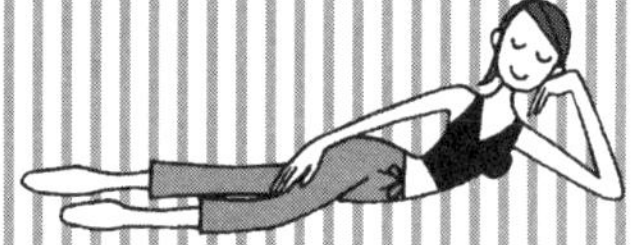

で、しかも大きな成果を上げているからです。

でも一応、「深呼吸ダイエット」の特徴を挙げることで、×の理由をハッキリさせておきましょう。

①「深呼吸ダイエット」は、寝ておこなう呼吸によるダイエット➡簡単

②「深呼吸ダイエット」は、5日でも15日でも大きな効果がある➡短期間

③「深呼吸ダイエット」は、呼吸法のダイエットで体質改善できる➡健康的

④「深呼吸ダイエット」は、無料の空気を吸うダイエット。さらに、一度マスターすれば追加投資が一生いらない➡経済的

⑤「深呼吸ダイエット」は空腹感を抑え、食習慣を見直す➡リバウンドしない

どうですか、これだけの要素を備えたダイエット法であり、すでに多くの方によってその効果は確かめられています。もう、これまでの常識に×をつけるしかありませんよね。

PART2

さあ、「深呼吸ダイエット」にトライしてみよう

まず、深呼吸してみましょう

無理なくダイエットするためには、PART1でお話しした「痩せる力」の3要素を備えたダイエット法をおこなう必要があります。そして、これからお話しする「深呼吸ダイエット」の呼吸法は、その3つの「痩せる力」を強化してくれます。

では、「深呼吸ダイエット」とは具体的にどんなことをするのでしょうか？

いま、あなたが本屋さんで立ち読みしていても、深呼吸ならできますよね。

では、深呼吸してみましょう。

すぅ～、すぅ～、すぅ～……。

ちょっと、待ってください。いま、口を開けて深呼吸しませんでしたか？

ご存じないかもしれませんが、「口呼吸はダイエットの大敵」なのです。

なぜ口呼吸がダイエットの大敵かといいますと、口呼吸には次のようなデメリットをともなうからです。

①酸素の摂取量が少なくなり、脂肪を燃やせない

口呼吸の場合、1回1回の呼吸が短く浅いため、取り込む空気の量が少なくなります。当然、取り入れる酸素の量も少なくなり、体脂肪を燃焼させるために必要な大量の酸素の確保がむずかしくなります。

②体を冷やし、基礎代謝を低下させる

体温より冷たい空気を口から肺に直接吸い込むと、肺のなかの血液を冷やします。冷やされた血液が全身をめぐっていくうちに、体がどんどん冷えていき、基礎代謝が低下します。

③エネルギーをつくる効率が悪い

体温のメカニズムは、吸い込んだ空気のなかの酸素が血液によって細胞に運ばれることから始まります。そのときに活躍するのが細胞内のミトコンドリアで、糖質、脂質を酸素で燃やし、エネルギーをつくります。

短く浅い口呼吸では、大量の酸素が確保できません。細胞でのエネルギー生産の効率が低下し、当然、体温も下がります。これは基礎代謝の低下ということですね。

④病原体やウイルスの感染で、さらに基礎代謝を低下させる

外気中には、たくさんの病原体やウイルスがいます。口で呼吸すると、これらの病原体やウイルスを直接血液のなかに取り込んでしまい、体内の正常な細胞がそれらに感染します。感染した細胞は正常にエネルギーをつくることができなくなり、ますます基礎代謝の低下を招くことになってしまいます。

立ったままでかまいません。この呼吸法を試してみましょう

だから、「深呼吸ダイエット」では、口呼吸は絶対にしません。鼻から息を吸い、鼻から息を吐く……。それがこのダイエットでの呼吸法です。

立ったままでいいですから、この呼吸法をやってみましょう。

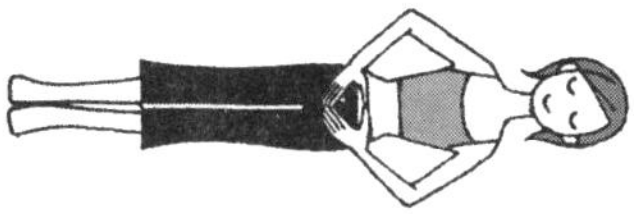

①鼻からゆっくり息を吸いながら、意識的に、下腹部を全体の8割までふくらませます
②意識的に、息を最低3秒以上止めます
③さらに鼻から息を吸い続け、腹部を限界まで目いっぱいにふくらませます
④限界まで達したら、ゆっくりと鼻から息を吐き出し、自然に腹部をへこませます
⑤次の呼吸を始める前に、自然に、息を軽く最低3秒止めます

どうです、簡単だったでしょう。いまの呼吸で、あなたの体内にはかなりの酸素が取り込まれました。その酸素を使って、あなたの体脂肪は燃え始めています。

本屋さんでこの本を手に取られた方は、立ったままで呼吸法をされたはずです。でも本当は、仰向けに寝てこの呼吸法をしていただきたいのです。

なぜ、仰向けに寝て呼吸法をするのでしょうか？　理由は、その姿勢こそ、「深

呼吸ダイエット」の呼吸法で体脂肪を燃やすベストな姿勢だからです。

横になってリラックス……。それが基本姿勢です

本屋さんの立ち読みでは、横になれません。本屋さんの店頭以外で読まれている方は、時間と場所が許せば、横になってください。

立ったり、座ったりという姿勢では、腰や背中の筋肉が緊張しています。そのために横隔膜（胸部と腹部の境にある膜状の筋肉）を十分に動かすことができません。この状態だと、大量の酸素を取り入れることができません。

ここで、「痩せる力」の①を思い出しましょう。

「確か、体脂肪を燃やすために大量の酸素を取り入れること、でしたよね」

そうです。そのためには、大量の空気を肺に取り込む必要があります。だから、横になっておこなうことが大切なのです。

「深呼吸ダイエット」の基本姿勢は、「仰向けになって寝た姿勢」です。できれば、

やや固めのベッドの上でおこなうことをお勧めします。

＊枕を使わず、仰向けに寝ます
＊両手の親指と親指、人差し指と人差し指を合わせ、三角形をつくります
＊合わせた親指を、おへその上に置きます。力を入れて指をギュッとくっつける必要はありません。ひじと手首の力を抜き、両手を自然に下腹部に当てます
＊目を閉じ、両手の下の腹部に意識を集中します

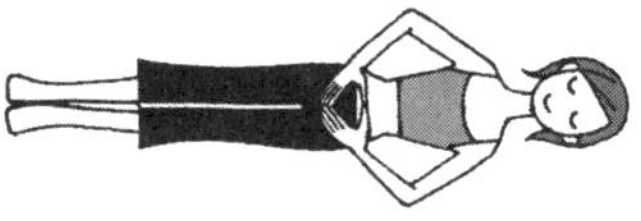

「深呼吸ダイエット」の呼吸法は、横に寝て、リラックスした状態でおこなうことがもっとも効果的です。初心者の場合は、必ず寝ておこなうことをお勧めします。

ここで大事なことは、全身をリラックスさせることです。

仰向けに寝たあと、20～30秒ほど、頭から足のつま先まで、全身がリラックスするイメージを描きましょう。その状態のまま、いちばん快適な体の状態にします。

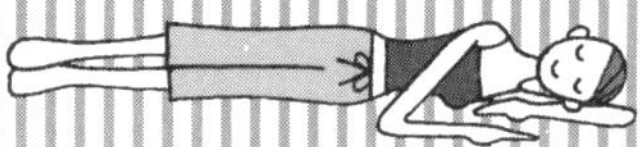

ステップ① 腹部を8割までふくらませる

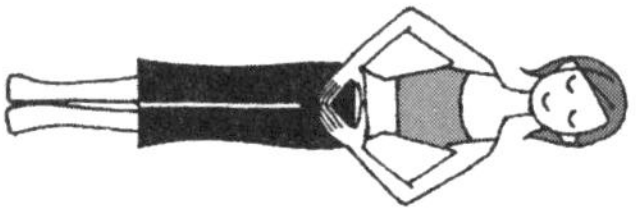

＊息は、鼻から吸います。口は使いません

＊舌先を下の歯ぐきの裏に当て、舌が上あごにくっつかないようにします。これは唾液が出やすくなる状態をつくるためです

＊息は、できるだけゆっくり、丁寧に吸います。吸う時間を最低6秒にします。6秒はあくまで最低の時間で、苦しくない範囲であれば長いほど効果的です

＊お腹のふくらみ具合は、目いっぱいふくらませたときの8割にとどめます。8割とは、あまり力まずにお腹がふくらんでいる状態です

＊お腹だけをふくらませ、胸部は動かしません

吸う息が長くなれば、横隔膜が下がります。すると、胸部の底面部分が下がって胸腔が拡大します。肺の容積が全体的に拡大し、取り込む空気の量が多くなります。

また、肺の血液中にある二酸化炭素は、吐く息と一緒に排出されます。より多くの空気を取り込めば、より多くの二酸化炭素が排出されることにもなります。

ステップ② 息を最低3秒以上止める

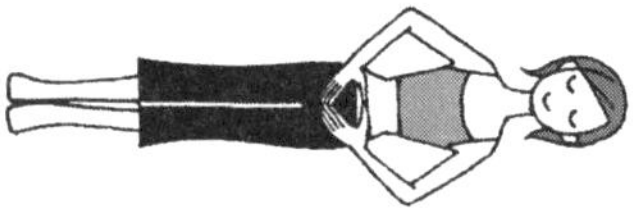

＊舌先を下の歯ぐきの裏に軽く当て、舌が上あごにくっつかない状態を保ちます

＊お腹のふくらみ具合の8割まで吸ったら、余裕を持って止めます

＊できるだけ長く止めるように心がけてください。3秒はあくまで最低です。苦しくなければ、長いほど効果的です

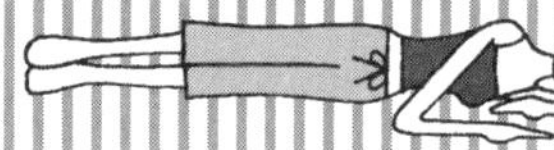

息を止めることで、肺に送り込まれた血液の換気時間が長くなり、血液中の二酸化炭素と酸素の交換効率がアップします。このことで、より多くの酸素を血液中に取り込むことができるようになると同時に、より多くの二酸化炭素を排出することができるようになります。

止める時間が長くなればなるほど、肺胞のなかで空気と血液の触れ合う時間が長くなります。化学反応の量が増え、それだけ多くの酸素を血液中に取り込めるようになります。

ステップ③ 息を吸い続け、お腹を10割までふくらませる

*鼻から息を吸います。口は使いません
*舌先を下の歯ぐきの裏に軽く当て、舌が上あごにくっつかない状態を保ちます
*もう一度息を吸い続け、お腹を10割までふくらませます。苦しくない範囲で、できるだけゆっくり吸ってください。4秒以上かけて吸うように心がけるとよいでしょう
*お腹だけをふくらませ、胸部は動かしません

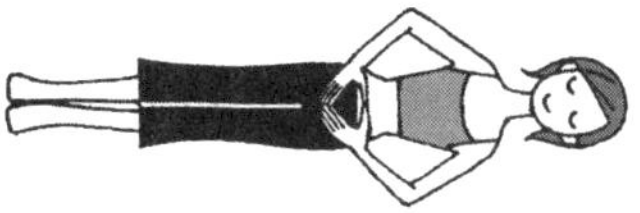

息を止めたあと、息を吸い続けてお腹を10割までふくらませます。お腹を限界までふくらませると、腹圧が高くなります。腹圧を高くすると、自律

神経の中枢である視床下部、脳幹、脊椎に対して一定のリズムで刺激を与えることができるようになります。

その結果、副交感神経を優位に働かせることができ、体中の血行が改善されます。

同時に、満腹中枢が刺激され、空腹感が緩和されます。

ステップ④

ゆっくり息を吐きながら、自然にお腹をへこませる

*鼻から、息を吐きます。口は絶対に使いません
*舌先を下の歯ぐきの裏に当て、舌が上あごにくっつかない状態を維持します
*ゆっくりと自然に、息を吐き出します。吐く時間を最低6秒にします。6秒はあくまでも最低限で、苦しくない範囲であれば長い時間ほど効果的です
*無理にお腹をへこませ、息を最後まで吐ききる必要はありません。息を吐きながら、自然にお腹をへこませます
*お腹だけをへこませ、胸部は動かしません

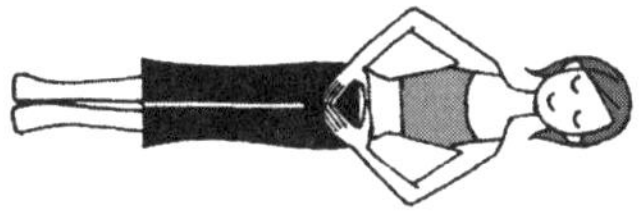

ゆっくり息を吐くことで、より多くの二酸化炭素が排出されます。

ここでの注意ポイントは、絶対に口を使わないことです。口で吐くと、口のなかの水分が奪われ、口のなかが乾燥しやすくなります。さらに、ゆっくりと吐くため、わざと口をすぼめなくてはならなくなります。口の筋肉を緊張させることになり、副交感神経を優位にするためのリラックスした状態もつくれません。

ステップ⑤ 自然に、息を軽く3秒以上止める

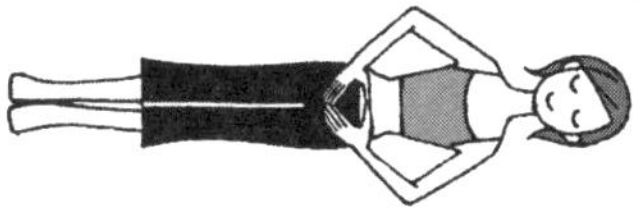

＊舌先を下の歯ぐきの裏に当て、舌が上あごにくっつかない状態のままです

＊ゆっくり、軽く、3秒ほど息を止めてください。3秒はあくまで最低限で、苦しくない範囲で長いほど効果的です

＊力んで息を止める必要はありません。次の呼吸ができるだけゆっくりできるよう、無理なくおこなうことがポイントです

軽く息を止めている間、気管のなかにたまっている残存ガスが徐々に抜かれます。このことで、次の呼吸でより多くの空気を吸い込めるようになり、よりよい呼吸の循環がつくられます。

呼吸のリズムがつかめれば、どこでもできるようになります

ステップ①からステップ⑤までのステップで、1呼吸が終わります。ステップごとの最低必要時間は①6秒、②3秒、③4秒、④6秒、⑤3秒で、合計22秒になります。

どのステップでも、自然な状態が保てる範囲、苦しくない範囲で時間をかけるように心がけてください。その心がけが効果をぐんと高めてくれます。

あとでも触れますが、「深呼吸ダイエット」では、この呼吸法を1日2～3回、1回30～40分かけておこないます。

初心者の間は、必ず寝ておこなうことをお勧めしますが、慣れると、呼吸のリズ

ムがつかめるようになります。そうなると座っていても、立っていてもできるようになります。

たとえば、電車やバスのなかでは、つり革につかまりながらでもできます。

机に座ったり、座りながらテレビを見ているようなときには、イスの背もたれによりかかり、できるだけ寝た状態に近い体勢を取るようにします。こうするとお腹への圧迫が減り、よりスムーズにできます。

自動車のなかなどでは、座席を完全にリクライニングしてからおこなうとよいでしょう。この姿勢が取れれば、自宅で仰向けに寝ているときと同じような効果が期待できます。

らくらく実践するためのポイント

①お腹と首に負担がかからないような服装にしましょう

「深呼吸ダイエット」の呼吸法をおこなうと、お腹の起伏が大きくなります。そのときにお腹に負担がかかると、効果が減少するおそれがあります。また、首に負担がかかる服装は、長い時間の呼吸には支障が出ます。

お腹や首に負担のかからないような服装がベストです。服装は、ジャージやパジャマなどのゆったりしたものをお勧めします。普段着、または外出着の場合は、ベルトやネクタイを緩めてください。こうすることでお腹や首への負担が軽くなり、楽に呼吸法ができるようになります。

②全身がリラックスした状態で始めましょう

「深呼吸ダイエット」をおこなうときは、全身がリラックスした状態で始めてください。リラックスできないと、呼吸に集中できません。脳に対する刺激も弱くなり、呼吸の効果が半減します。

全身をリラックスさせる方法が、先に紹介した方法です。仰向けに寝たあと、頭から足のつま先まで全身がリラックスするイメージを描きます。時間は20～30秒くらいでいいでしょう。

朝におこなう場合は、目がさめたまま布団のなかで実施するのではなく、完全に

目を覚ましてからにしてください。必ずいったん起き、顔を洗い、歯を磨いたあとがよいでしょう。こうすると呼吸に集中できますし、脳へも十分な刺激が送られるようになります。

③食事前、空腹時におこなうようにしましょう

「深呼吸ダイエット」の呼吸法では、横隔膜を大きく上下させます。そのため、横隔膜のすぐ上にある心臓や、すぐ下の胃や肝臓に対するマッサージ作用があります。

食後の満腹時には胃が邪魔になり、横隔膜や肺を十分に動かせません。さらに、大きくなった胃に負担をかけてしまい、気持ちが悪くなるおそれもあります。

そうしたことにならないよう、「深呼吸ダイエット」は空腹時におこなうことをお勧めします。食事前がベストですが、食後1~2時間以上経過してからおこなっていただいてもよいと思います。

④息苦しかったら、呼吸法が間違い。方法をチェックしましょう

ステップ①~⑤のリズムをきちんとつかんでいれば、ゆっくり長めに呼吸しても、

苦しさを感じません。それが「深呼吸ダイエット」の呼吸法の特徴です。

この呼吸法でいちばん重要なポイントは、吸うことです。呼吸するときは、1呼吸1呼吸を丁寧に、いかに細く長く吸うかをつねに心がけてください。

リズムがつかめれば、呼吸はどんどん長くなり、しかも苦しくありません。リズムをつかめないと、呼吸はどんどん短くなり、しかも苦しくなります。

もし息苦しさを感じて続けられない場合、呼吸のリズムが崩れている可能性が考えられます。あるいは、呼吸の長さが一定でなくなっていることもありえます。

息苦しさを感じた場合、きちんとできているか不安を感じた場合は、呼吸のリズムをチェックするようにしてください。

私でも大丈夫？　もちろん大丈夫です！

実際に体験されるとお分かりでしょうが、簡単でしょう。

「でも、こんな呼吸法で、本当にダイエットできるの？　私はいろいろな辛いダイ

エットも試したけど効果がなかったし、いつもリバウンドしたのよ」

簡単だと思われる反面、こんな疑問を持たれた方もいらっしゃるでしょうね。

これまでの4年間で、3000名以上の方が「深呼吸ダイエット」を試されています。このダイエット法を始めるとき、90％以上の方があなたと同じことをいわれました。

「私でも大丈夫？」ってね。

こうした方々でも、「深呼吸ダイエット」のメカニズムを十分に理解し、きちんとおこなっていただくことで、ほぼ全員がダイエットと体質改善の結果を出すことができました。しかも、短期間のうちに、無理なく、リバウンドなしに、です。

次のPARTで、そうしたダイエットと体質改善の成功者たちの体験談をご紹介します。

あなたでも大丈夫！　次は、あなたの番です。

PART 3

体験談
「こんな奇跡が起こるなんて！」

体験談

9ヵ月で16kgのダイエット。待望の赤ちゃんも授かりました

山田姿子（32歳）

◎自分に合ったダイエット法なんかない！

仕事のストレスからか、20代の後半から徐々に体重が増え始め、気がついたときには10kgも増えていました。いろいろなダイエットを試みても続かなかったり、リバウンドの繰り返し……。悔しい思いの連続ばかりしていました。

自分に合ったダイエット法なんかない！

こりゃ、一生ダイエットジプシーだ！

2003年8月、そんな私は「深呼吸ダイエット」と出会ったのです。

「呼吸でダイエットか……。でも、呼吸法くらいでそんなに効果あるの？」

ホームページを見ると、実名で、いろいろな方の体験談が紹介されていました。むくみや生理痛など、いろいろな症状の改善も報告されています。

「ええっ、こんな効果もあるの？　ほとんど自分に当てはまるじゃない。そんなに効果があるなら試してみようかな」

私の場合、アレルギーや自律神経失調症なども改善できればという希望もありましたので、だまされたつもりでトライしてみることにしました。

始めたのは、9月13日です。ダイエットと体質改善の期待を胸に、1日1時間以上、まじめに取り組みました。始めてみて、驚きました。血液の循環がよくなったような感じ、それに脂肪がガンガン燃えている感じがしたからです。

最初、家族の食事をつくりながらの食事制限でしたので、目が欲しがる感覚はありました。でも、3日以降は慣れ、空腹感もなくなりました。

仕事への支障もまったくなし。むしろ動きやすかったし、疲れにくくもなりました。ぐんぐん体調がよくなっていくな、そんな実感がしたものです。

◎目標体重を達成、冷え性・生理痛も消えた

毎日、体重を測ってグラフをつけることにしました。そのほうがこのダイエット法の効果が目に見えるからです。それに減っていけば、励みになりますし……。

すると、1日目から体重が減り始めました。そして、5日目の数字は67・5kg。

5日前には69kgあったのですから、たった5日で1・5kgのダイエット！
そのころですね、職場でも、こんなことをいわれるようになりました。
「顔が小さくなったんじゃない！　小さくなってる。うん、絶対小さくなってる！
それに、制服がだぶだぶじゃない」

「何をやったの？　どうして、こんな短期間で痩せられたの？」


あんまり追求が激しいので、「深呼吸ダイエット」のことを話しました。ちょっと疑いのまなざしで見られましたが、実際に私が痩せられたんです。みんな興味津々のようでした。

それからはもう、「深呼吸ダイエット」にはまりました。

9ヵ月後には、体重は目標の53kg。なんと、16kgのダイエット達成！

服のサイズも13号から9号にダウン。おしゃれな服もいっぱい着られるようになってもう大感激、大喜び！

「深呼吸ダイエット」の効果は、ダイエットだけではありませんでした。

それまで生理のときはむくみがひどく、ひどい生理痛もありました。時には動けなくなるほどの貧血になることもありました。でも、いまはもう生理痛での鎮痛剤

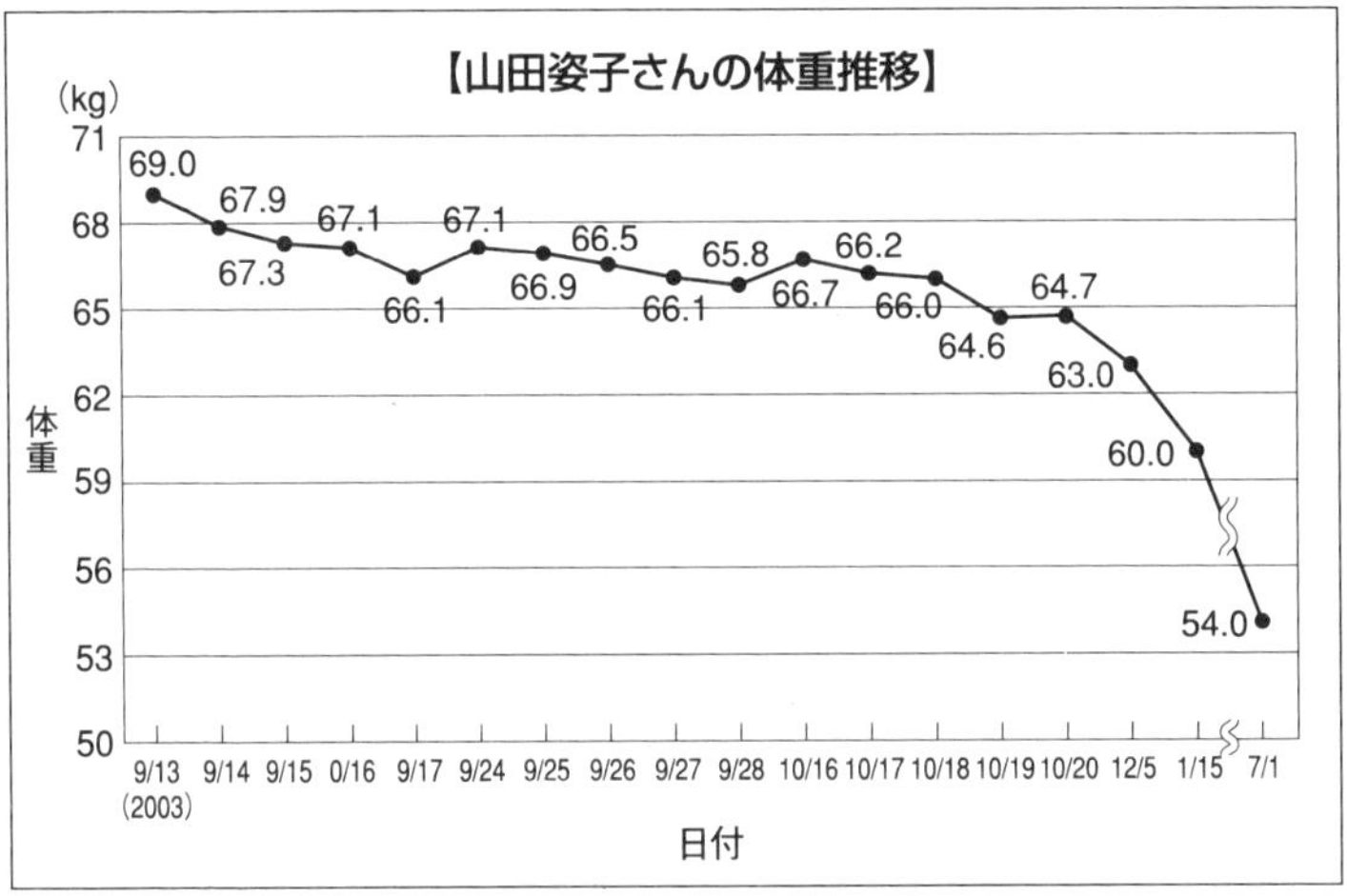

も使わずにすむようになっています。

冷え性もひどく、玉のような汗をかいたり、のぼせるような状態になっても、お腹や足はいつも冷えたままでした。職場は冷えやすい環境なのですが、いまは冷えて辛くなることもなくなりました。

11月に素足でいても大丈夫！　冷え性の方なら分かっていただけると思いますが、こんなこと信じられます？　すごい進歩だと思いません?!

季節の変わり目には絶対風邪を引いて具合が悪くなったものですが、風邪を引くこともなくなりました。

◎無事に女の子を授かりました！

そして、ジャジャーン、何より驚いたことは、妊娠できたことです。

逆算すると、ちょうど体重が53kgくらいになる直前に妊娠したことになります。ちょうどそのころ、体重が落ちてホルモンのバランスが整ったせいか、基礎体温がきれいに2層になってきたのです。

妊娠中の経過は順調で、体調も良好。そして2005年6月、無事に女の子を授かりました。

それまでは不規則な食生活を繰り返し、食べない時間が長かったため、少量でも太る一方でした。夜はあまり食べないのですが、お昼に炭水化物を摂ることよりも食事でたんぱく質がうまく摂れず、どう修正したらいいのか分からないままでした。「深呼吸ダイエット」を始めてから、正しい量を正しい感覚で食べる習慣が身につきました。いまではご指導いただいたメニューにも慣れました。たまにお肉やお魚も食べますが、太りやすい食材を過度に摂らないように心がけています。

始めるときは半信半疑でしたが、想像以上の効果でした。この体験をお伝えすることで、一人でも多くの方が「やってみよう！」と思っていただけたらと思います。

いまでも、「深呼吸ダイエット」は続けています。とっても快適です。

体験談

70日で20kg減！こんな奇跡的なことが起こるなんて！

F・A（44歳）

◎ダイエットしたい！　ワラをもつかむ思いで試してみる

数年前、渡米先で食事の量がアメリカ人並みになり、体重がみるみる15kg、20kgと増えました。帰国後も一人前では足りず、妊娠後はさらに食べることに執着するようにもなりました。

「次、何食べようか？　あれ食べよう、これ食べよう」

いま思うと、いつもこんなことばかり考えていたものです。いつも食べ物に振り回されていた感じですね。体重もどんどん増加。渡米前は55kg、出産直後は66kg、それ以後はずっと76kgの状態がつづいていました。

もともと食べるのが速く、家系はみな小太り。さらに、運動は苦手で、まったく

していませんでした。それでも3年間はジムに通ってみましたが、効果はありません。というのも、運動したあとは普段以上に食べてしまうんです。アメリカで評判のサプリメントも試しましたが、効果は半年で2kgぐらいのものでした。

そんなとき、普段お世話になっているブティックのオーナーから、2ヵ月で12kgダイエットできた方を紹介されたんです。

「そんなバカな。呼吸で痩せるなんて!」

いま私の体験を読まれている方のなかにも、こう思われている方があるかもしれません。私もそうでした。呼吸になんて興味ありませんでしたし、しかも、呼吸で痩せるなんてねぇ……。

「深呼吸ダイエット」の教室を教えていただき、覗いてみることにしました。

以前、足裏マッサージのお試しコースを体験したことがありました。「ベッカムも使っている!」といったポスターを始め、お店にはそこらじゅうにポスターが貼ってあり、押し売りされているような感じを受けたものです。

でも、「深呼吸ダイエット」のお店には、余分なポスターがいっさい貼ってありません。説明も理論的で、分かりやすいものでした。「好感あり」っていうか、ワラをもつかむ思いで通学コースを試してみることにしたのです。

◎あまりのダイエット効果に、「ご病気でも?」と聞かれてしまいました

始めたのは、2003年8月19日でした。

羅先生はインテリジェンスあふれる方で、安心して指導を受けることができました。分からないところは、メールで気軽に質問できる点もよかったですね。お店があることで、いつでも直接相談にいける安心感もありました。

最初の5日間でマイナス4〜5kg、体重は72kgくらいにまで減りました。ただ空腹感が抜けず、職場で稟議書のミスで叱られたこともありました。でも、そのあとは慣れて空腹感も感じることなく、仕事に集中できるようになりました。

実はその間、主人は出張中でしたので、帰宅後に私が4〜5kgも痩せていることに驚いていました。その後はすっかり協力的になり、お店まで車で送ってくれたり、お店に行っている間は子供の面倒を見てくれたりするように……。

実施期間中に工夫したことといえば、外食は昼だけにすることとか、夜は軽めを心がける、意識的に味噌汁を飲むようにしたり、口さびしいときはシュガーレスの

アメを口にするといった簡単なことだけ。

朝、自宅でおこなうときは、娘が起きる前の時間を当てました。昼は仕事できませんから、やったのは朝と夜の2回ですね。私の場合、30分はかかるので、休止期間は朝の1回だけにしました。

5ヵ月（正味70日間）ほど経った2004年2月5日、とうとう体重が56kg台に落ち着くようになりました。始めたときは76kgあったのですから、マイナス20kgのダイエットです！

会社や子供の学校、塾で、「ご病気でもされたのですか？」と聞かれたものです。以前と比べ、それほどスリムになったということなんですね。顔色は昔からいいほうですが、もっとよくなりました。

体調のほうも、比較にならないほどよくなりました。

肩こりは半減です。以前は触るとガチガチでしたが、いまではやわらかくなりました。また、以前は生理中にお腹がとても痛くなったり、吐き気があったりしましたが、いまはまったくありません。「深呼吸ダイエット」を始めてから3回目の生理のときには、いつもの頭痛もなくなりました。

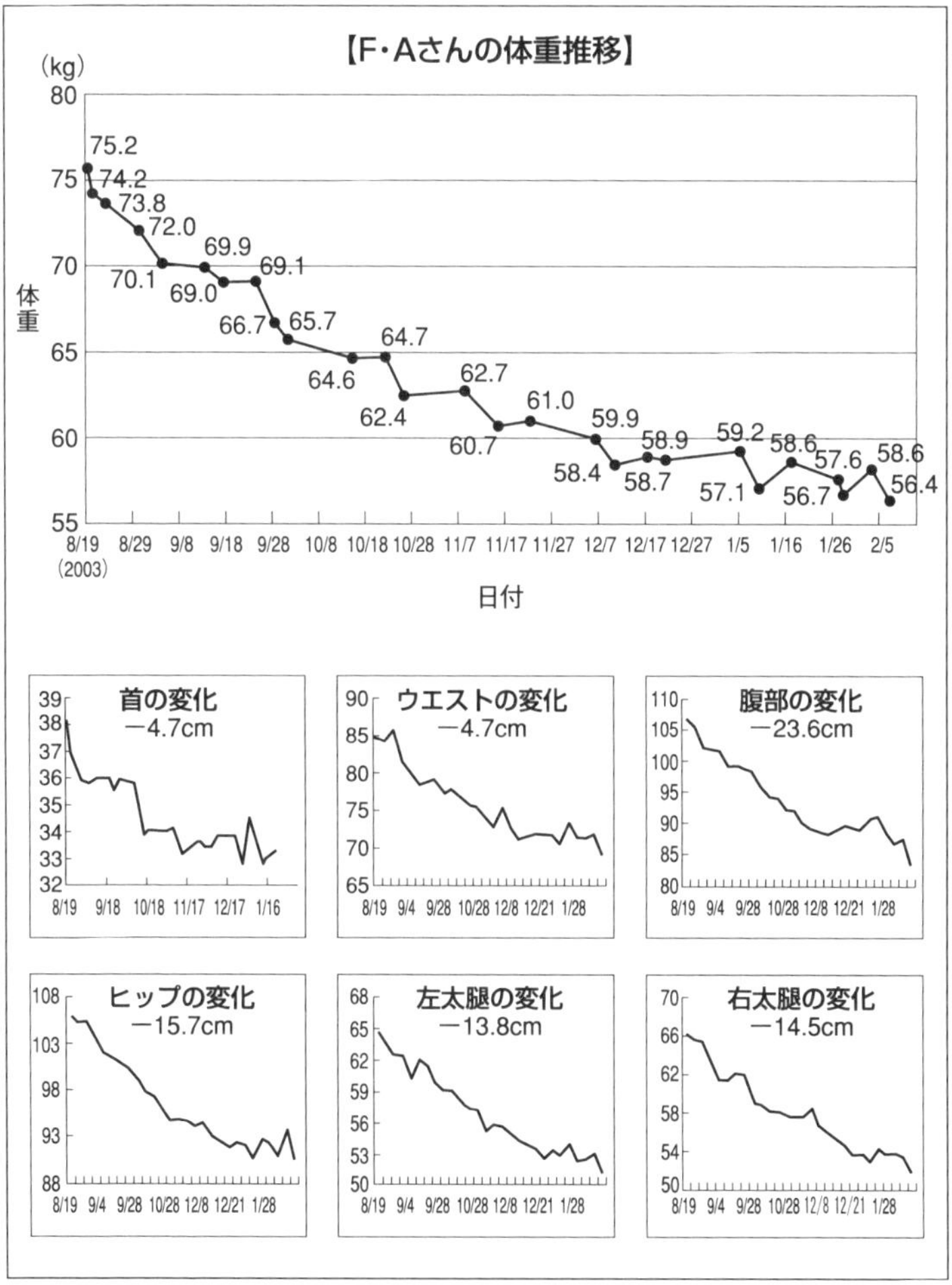
【F・Aさんの体重推移】
(kg)
80
75
70
65
60
55
体重
75.2
74.2
73.8
72.0
70.1
69.9
69.0
69.1
66.7
65.7
64.6
64.7
62.4
62.7
60.7
61.0
59.9
58.4
58.9
58.7
59.2
57.1
58.6
56.7
57.6
58.6
56.4
8/19 (2003) 8/29 9/8 9/18 9/28 10/8 10/18 10/28 11/7 11/17 11/27 12/7 12/17 12/27 1/5 1/16 1/26 2/5
日付
首の変化
－4.7cm
ウエストの変化
－4.7cm
腹部の変化
－23.6cm
ヒップの変化
－15.7cm
左太腿の変化
－13.8cm
右太腿の変化
－14.5cm

冷え性も軽減しました。前は一年中靴下を履いていたのですが、いまは冬などの寒い日だけになっています。このダイエットを始める前、そうした効果は期待していませんでした。それだけに、こうした効果は本当にうれしいものでした。

◎どこにいってもスターなんです

いま私は、どこにいってもスターです！　周りの方からは、「明るくなったし、顔もきれいになった」といわれます。どこにいっても「すごい！」といわれますし、私も、周りの方にやさしくなっているように思います。

いまの悩みは、手持ちのなかに、自分に合う服がなくて困っていることですね。首、ウエスト、下腹部、ヒップ、太ももも締まって、着られなくなってしまったのです。もう少しがんばって目標体重になってから、新しい服を買おうと思っています。

雑誌や新聞に、使用前・使用後の写真が掲載されていますよね。子供がおもしろがって、「深呼吸ダイエット」をする前といまの私の絵を描いたんです。使用前はまん丸に太った絵だったのに、使用後の私はまるで別人。

鏡で見ても、自分とは思えないいまの姿にびっくりしてしまいます、自分ではないようで……。街でウインドーに映る全身を見ても、「これが私！」とちょっとびっくり、そしてニヤニヤ。もう一度眺めなおして、またニヤニヤ……。

でも、いちばんうれしかったことは、やはり子供が喜んでくれたことかな。娘と一緒にいるときなど、「お母さん、痩せたねぇ～」と皆さんが子供におっしゃって。そのとき、子供がすごくうれしそうな顔をするんですね。

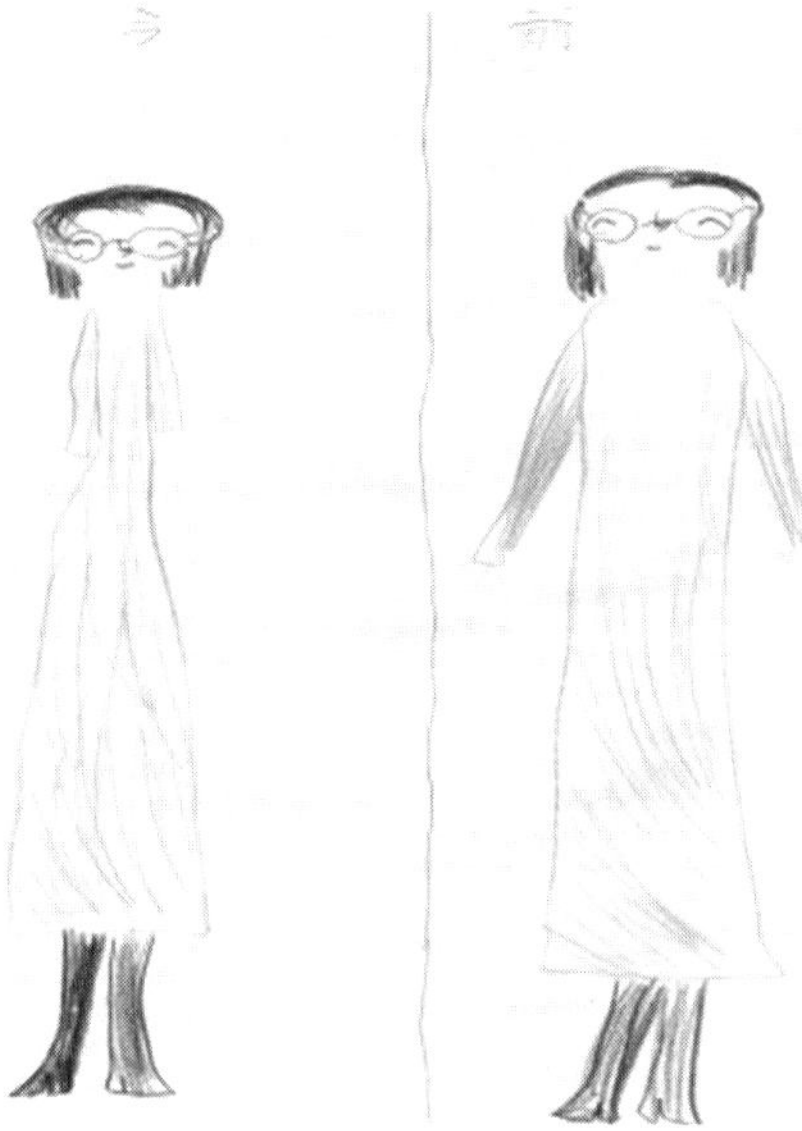

最近、子供の要求が少し厳しくなりました。「ここまで痩せなさい」――そんな絵まで描かれました。

食事に関しては、「いっぱい食べたいっ！」という気持ちがまだありますが、昼だけは目いっぱい食べて、あとは軽めで終わらせるように心が

けています。以前は、週に3日は揚げ物でしたが、いまはまったく摂っていません。

体験談

50代の私がマイナス7kg、20代の体重にもどった！

菅井道子（51歳）

◎セミナー終了後、コースを申し込んでいた私

私の身長は160cmですから、標準体重は56・3kgになります。

20代のころの体重は50〜52kg、結婚して子供を産むごとに体重が増え、もどりも悪くなるようになってきました。

40歳くらいで55kgになり、ここ5年ほどは増えてはもどり、もどっては増えし、2005年の7月にはとうとう59kgになってしまいました。同時に更年期障害と思われる体の変調もありました。

私の場合、代謝が悪くなってむくみも出てきたため、血液循環をよくする治療サロンに1ヵ月通ってみました。それでも体重はいっこうに減らず、むくみも取れま

せんでした。

「何とか手を打たなければ」と思いつつも、薬局などでサプリメントを買う気にもなれません。新聞広告のダイエット体験談を読んでも、信じられません。何の行動も起こさないまま、お気に入りのＧパンのウエストが徐々にきつくなっていく。その現実に、ただため息を漏らす毎日でした。

そんなとき、偶然出会ったのが「深呼吸ダイエット」です。２００５年７月、大阪で開かれた羅先生のセミナーに参加しました。

呼吸を取り入れた新陳代謝と酸素と体脂肪燃焼の仕組み、その結果がダイエットや体質改善につながる……。なるほど、分かりやすい羅先生のお話に、メモを取りながら聞き入りました。そのあとの体験

者の発表も自分で結果を出した自信にあふれ、ダイエットに成功したうれしい気持ちがひしひしと伝わってきました。

「つくり話ではない。私も体験してみたい！」

セミナー終了後、私は、「深呼吸ダイエット」の通信コースを申し込んでいました。

◎3ヵ月で7kgのダイエット、ついに20代の体重に

2週間くらい経過したころ、教材一式が届きました。「HOWよりWHY?」の羅先生のお話を思い出し、教材で考え方と基礎をしっかり勉強しました。

「実行するからには、きちんとカリキュラムを実行しよう」と、決めていましたので、実施期間、休止期間の呼吸法と食事の質と量など、カリキュラムに沿って努力しました。

体重が減っていく様子を自分でしっかり確認したかったので、体重変化のグラフをつけることにしました。体重の変化を自分でグラフにすることにより、呼吸法に取り組んだ結果が折れ線グラフの線の角度となって毎日表われ、反省したり、感動したりで、グラフをつけるのが楽しくなりました。

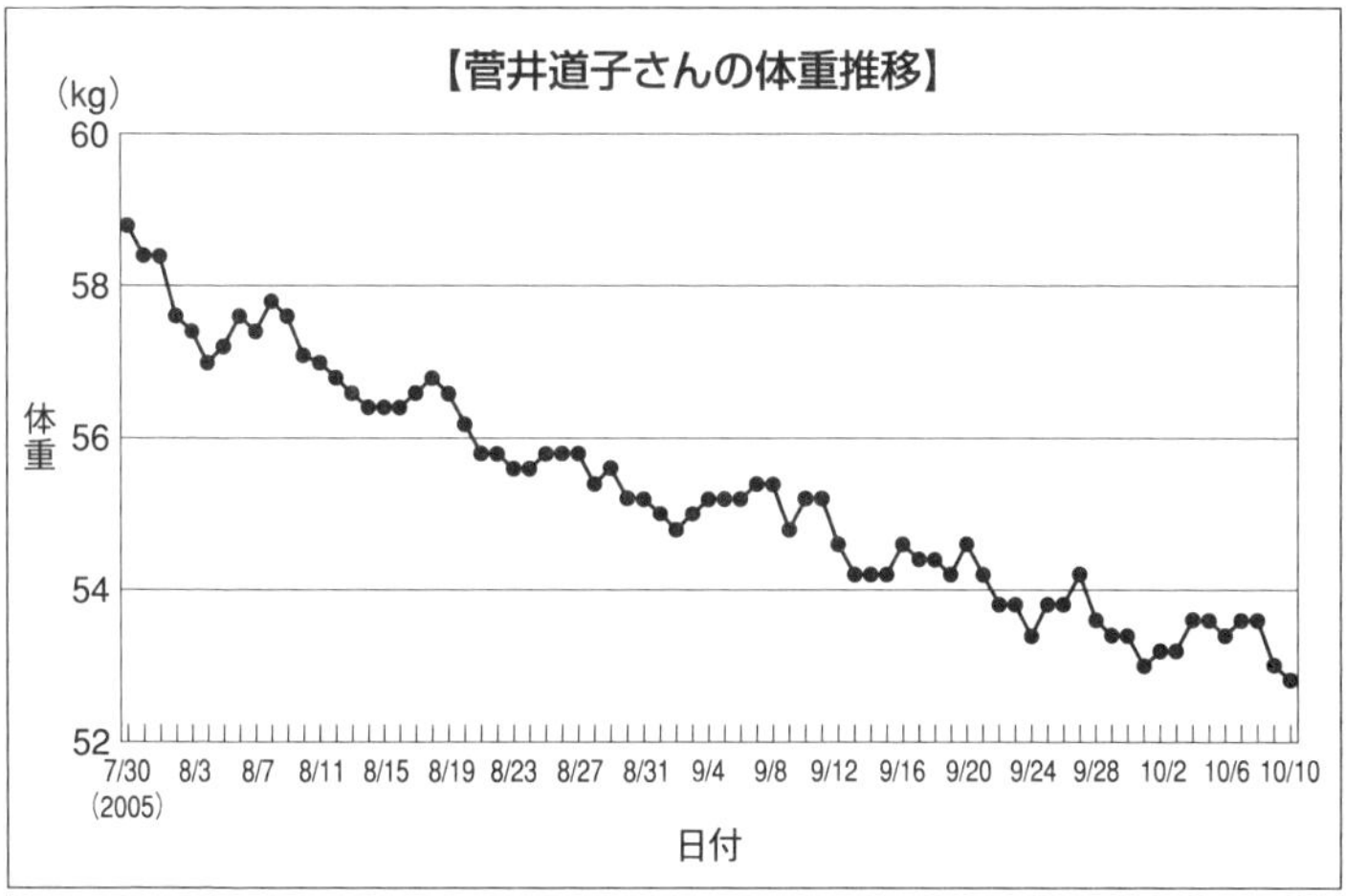

つまり、「深呼吸ダイエット」を実行しながらグラフをつけると、ダイエットの効果が一目瞭然！　もう感動！

体重も体脂肪も確実に落ち、1ヵ月で3・5kgのダイエット、体重は55・5kg。こんな短期間なのに、標準体重にまで減量できてしまいました。しかし、私の第一目標は、まず5kg減らしたいと思っていましたので、それまでは頑張ろうと続けた結果、2ヵ月で6kgのダイエットに成功！

グラフは10月の途中までしかありませんが、その後も「深呼吸ダイエット」を続け、3ヵ月でなんと7kgのダイエット、ついに体重が20代の52kgに

なりました。

体験談

15日でマイナス7kg、肌もきれいになって幸せです

桜井美樹（39歳）

　2年前の出産後から太り始め、いろいろダイエット法を試しても痩せませんでした。お腹のたるみも取れないようになり、まるで浮き輪のようになっていました。生理がいつも2週間あり、生理痛もひどく、むくみ、頭痛、吐き気、めまいなどでとても辛い思いをしていました。生理中以外にもむくみと頭痛、肩こりは毎日あり、ナロンエースは私の常備薬でした。

　2006年3月12日から4月4日まで、正味15日間の「深呼吸ダイエット」でした。すると、何をしても痩せなかった私が、7kgもダイエットできたのです。ウエストも75cmから68cmにきゅっとくびれ、浮き輪状態だったお腹のたるみが消えました。もう、うれしくてたまりません。

年齢：39才　身長：153cm
標準体重：44.5kg〜51.5kg

利用期間	2006/3/12〜4/4（正味15日間）		
	利用前	利用後	効果
体　重	52kg	45kg	−7kg
ウエスト	75cm	68cm	−7cm
体脂肪率	31%	22%	−9%

利用期間が終わったあと生理がきましたが、ひどかった生理痛がありません。それに5日間で終わったうえ、むくみ、頭痛、めまいもなく、ウソのようでした。

生理中以外にも、頭痛と肩こりがなくなりました。バッグには必ず入れて歩いたナロンエースも、いまはもう持ち歩かなくていいようになっています。

「顔つきが変わった！　肌もきれいになったね」

周りの人から、こうほめられます。

私は人見知りが激しく、親しい人以外とはあまり話ができませんでした。

でも、肌がきれいになったことで自信

が出たのか、誰とでも笑顔で話せるようにもなりました。すごく幸せです。

体験談

お腹周りが別人のようにスッキリ、頑固な便秘もスッキリ

石山淑子（64歳）

お腹の周りにかなりダブつきがあり、悲しいことに、指でつまめるようになっていました。ご飯を控えればと思ったのですが、控えても落ちてくれません。

頑固な便秘のため、いつも便秘解消のためにサプリメントを食べていました。多いときには、普通の3倍くらい食べていたものです。

「深呼吸ダイエット」を始めたのは、２００６年3月24日でした。4月17日まで、正味15日間試してみることにしました。

15日の利用期間が終わったところで、体重はマイナス３・１kg。ウエストも２cmしぼれ、体脂肪率も５・５％落ちました。お腹の周りは、まるで別人のようにスッキリ！　ウソみたいでした。

年齢：64才　身長：156cm
標準体重：46.2kg〜53.5kg

利用期間	2006/3/24〜4/17（正味15日間）		
	利用前	利用後	効果
体　重	51kg	47.9kg	−3.1kg
ウエスト	74cm	72cm	−2cm
体脂肪率	29%	23.5%	−5.5%

利用期間が終わって数日になりますが、さらに体重が800g減少！

サプリメントはやめてから1ヵ月以上になりますが、便秘がウソのように解消されました。いつもお腹がぺっちゃんこ！　とっても快適で、気持ちがよくて最高です。

体重が落ちたのに、体力の落ちないことが不思議です。以前はど〜んとした疲労感があり、家事なども「辛いなあ」とよく思ったものです。いまは体がウソのように軽く、体がどんどん動いてくれます。疲労感もまったくありません。

利用期間後も「深呼吸ダイエット」

を続け、5月1日の体重は47・1kg、体脂肪率は23・7%でした。利用期間を終わってからの2週間で、さらに2・8kgのダイエットです。

体験談

服が13号から9号に、腰痛も消えて人生の選択肢が広がった

田村小雪（37歳）

◎腰椎分離症のため、医師から体重減を勧められる

妊娠前は身長161cm、体重52kgとスリムな体型だったのに、妊娠で体重がぐんと増えてしまいました。産後は努力してダイエットしてみたものの、2人目の子供を産んだあとは64・9kg！　BMIが25を超える立派な肥満体型になってしまいました。

太って困ったのは、腰椎分離症の症状でした。腰椎の関節突起部に亀裂が生じたり、完全に分離してしまったりすることからの症状です。その痛みたるや、じっとしていても涙が出てしまいます。立ち上がることなどはもちろん、這い回ることもできません。

「腰椎分離症になったのは、多分10代のころだと思います。太ったために急に症状が出てきたのでしょう」

先生からこういわれ、体重を減らすように指導されました。

自分でも、体重を減らしたいと思っていました。それなりにいろいろなダイエット法を試してきましたが、腰椎分離症があるため、腰に負担がかかるような運動はできません。ダイエット食品も試しました。一時的にはダイエットできても、長続きしなかったり、成功してもそれ以上のリバウンドがありました。

そんなとき、悩んでいる私を見かねた母が、簡単にできるダイエット法を勧めてくれたのです。それが「深呼吸ダイエット」でした。２００３年年1月27日から始めました。

◎洋服は全部買い替え。でも、うれしい出費でした

「本当に呼吸法でダイエットできるの?」

正直いって、最初は半信半疑でした。「呼吸なんていつもしている。呼吸でダイ

エットできるなら、太ることもない」と思ったからです。でも、いつもの呼吸ではダメなんですね。やってびっくり、1日目から体重が減ったんです。

「あっ、『深呼吸ダイエット』って効果あるんだ！」

驚きました。さらに驚いたことに、5日でマイナス3・8kg！　これにはうれしいというより、もうビックリの一語。

利用期間中は、食事制限も一生懸命に実行しました。正直いうと、「これだけ食事制限すればダイエットできるよ」とも思いましたが、不思議なことに、空腹感は感じませんでした。呼吸法をやったあとはリンゴ一個も入らず、「半分でいいや」といった感じ、かな。

子供の小学校でPTAの役員をしていましたが、集中力も落ちるどころか、むしろ頭の回転が速くなりました。食事制限のない休止期間も、つねに腹八分目を心がけていたからだと思います。

「少し量を抑えたほうが頭がさえるだけでなく、体にもいいんだ」

こう分かってからは、自分で食事量をコントロールできるようにもなりました。

ちなみに、グラフは、「深呼吸ダイエット」で痩せる過程をあらわしたものです。

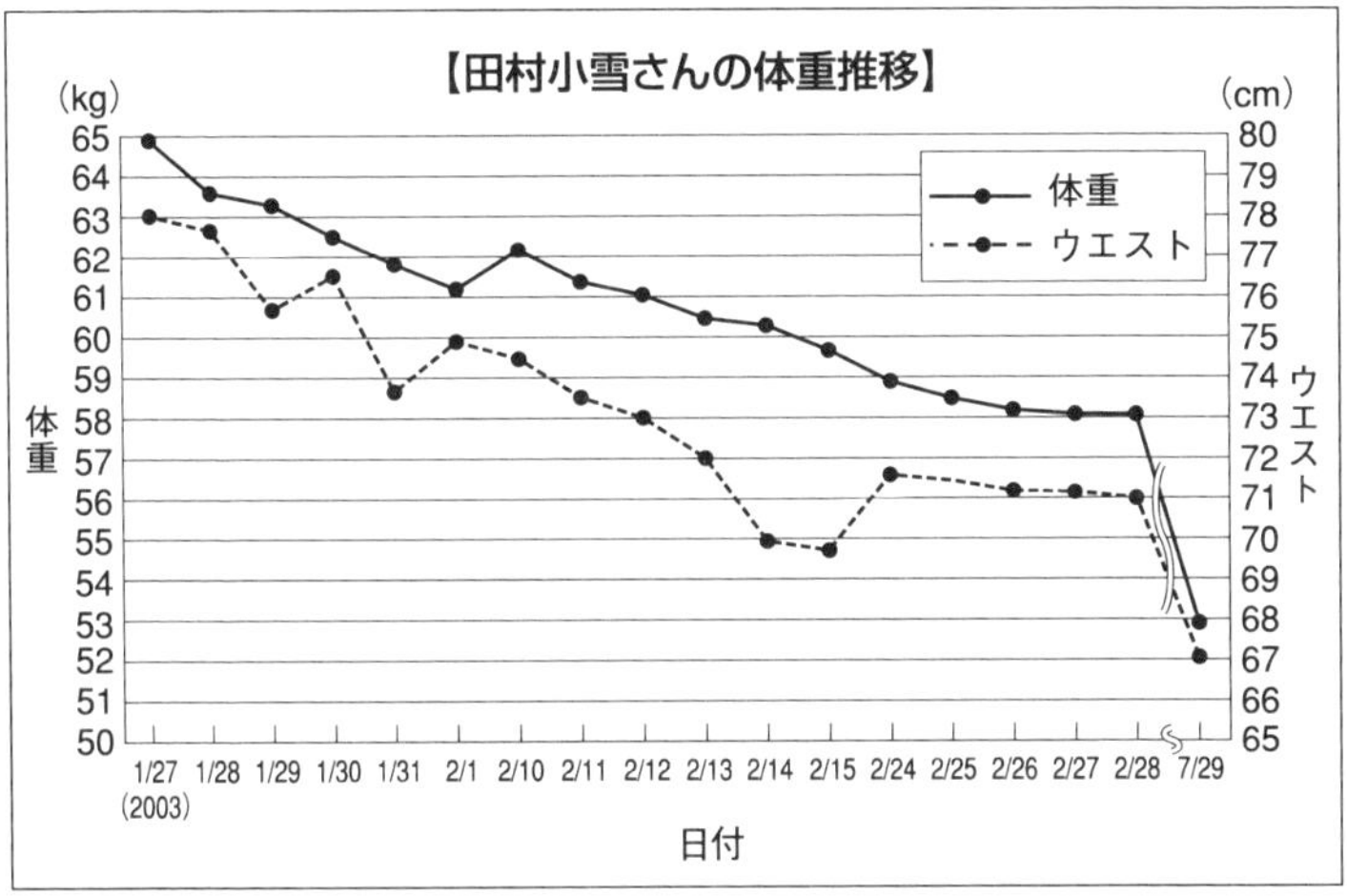

すごいと思いませんか？

最初の１ヵ月は、１日朝・昼・夜の3回、1回40分ずつ続けました。１ヵ月を過ぎたころからは、１日２回（朝と夜）に回数を減らしました。

そして６ヵ月（正味３ヵ月）後、体重は64・9kgから51・7kgになりました。なんと、14kg近くものダイエットに成功！　体脂肪率も28％から23％に、内臓脂肪レベルも9から2に改善しました。

ウエストが78cmから67cmにしぼれたため、洋服のサイズも13号から9号にダウン。洋服は全部買い替えました。うれしい出費でした。

◎何よりうれしいのは、オマケがいっぱいあったこと

このダイエットをやって何よりうれしかったのは、オマケがいっぱいあったことですね。まず、いつも悩んでいた腰痛がほとんどなくなったことです。このことで行動の大制約がなくなり、人生の選択肢が増えましたね。ひどかった生理前の腹痛も取れました。

便秘が治ったこともビックリ。以前は、1~2週間はまったくお通じがないこともザラでした。そのせいか、2ヵ月に1回は、2~3時間這いずり回るようなひどい吐き気に襲われ、ようやくお通じがあるような感じだったんです。それが「深呼吸ダイエット」を始めたその日に、お通じがついたんです。

それに、冷え性もよくなりました。私は末端の冷えがひどく、指先が真っ白で氷のように冷たかったんです。ウソみたいな話ですが、私がお風呂に入るとお湯の温度が下がって、2回くらい続けて追い焚きをしないといけなかったほど。そんなひどい冷えが、すっかり解消したんです。

いまは、自分のベスト体重の52kgに落ち着いているので、「深呼吸ダイエット」は時々やる程度です。ちょっと食べすぎたかなというときに、朝ちょこっとか、夜にやるくらいです。それでも、1kgぐらいはストンと落とすことができます。

もちろん、友達の注目の的です。

「深呼吸ダイエットで痩せた」というと、「へぇ〜、あれやってるんだ」とか「へぇ〜、そんなんで痩せるんだ」などなど反応はいろいろですが、みんな興味津々。

ちょうどタイミングよく、「スパスパ××」とか「あるある××」などのテレビ番組で腹式呼吸を取り上げていたこともあって、周囲の理解も早かったようです。

私も、最初は「東洋の神秘か?」とも思いました。でも、そうした番組などのマスコミを通して痩せるメカニズムを知ると、「なるほどな。だから効果があるのか」と納得したものです。

「深呼吸ダイエット」のいちばんいい点は、何かを購入す

る必要がないことです。経済的で、すぐにダイエットのうれしさが味わえる……。
これが「深呼吸ダイエット」だと思います。

体験談

人の体ってすごい、「深呼吸ダイエット」はもっとすごい！

山本紀子（34歳）

◎生理不順の体質とあきらめていた私が…

「深呼吸ダイエット」を始めたのは、2004年7月17日からです。

1997年ころの私の体重は52kg、それが少しずつ増え始め、この年の7月には57・4kgになっていました。私の身長は165cmですから、BMI＝22の標準体重は59・9kgです。だから肥満というわけではないのですが、自分では、少しずつ増えていく体重を意識するようになっていました。

「深呼吸ダイエット」を始めると、4週間で2・4kgのダイエットに成功しました。いまもその体重をキープしていますし、いまの体重で満足しています。着られずにタンスで寝ていた昔の服も着られるようになりました。

ダイエット効果はもちろんうれしいことですが、それよりもこのダイエットでうれしかったことは、悩んでいたいろいろな症状がきれいに消えたことです。

たとえば、生理不順です。生理不順に関してはもともと40日周期というギリギリの周期だったのですが、ダイエット食品を試してから、半年くらいで生理が止まってしまいました。

でも、「深呼吸ダイエット」をやると、生理がきたんです！　それも、28日周期です。まさか、28日周期で生理がくるとは思いませんでした。

すごい！　すごい！　本当に感動しました……！

本当に！　本当に！　うれしかったです。

私は、生理不順の体質だとあきらめていました。生まれてこの方、標準的な周期の生理なんて初めての体験です。正常になるように仕向けてあげれば、体はそれに応えてくれるんですね。

「人の体ってすごい」

これが実感です。でも本当は、正常な体の状態に導いてくれる「深呼吸ダイエッ

ト」がすごいのかもしれません。

冷え性もひどく、とくにふくらはぎと足先の冷えはひどいものでした。夏など、職場のエアコンがきついため、夕方になると膝が痛いくらい冷えました。冬でも、お風呂上りにすぐ布団に入らないと冷えてしまい、寝つけなくなることもありました。いまは、そんな冷え性に悩まされることもありません。

肩こりも、肩全体がパンパンの状態で、首が動かないこともありました。以前は姿勢の悪さや、仕事で何時間も同じ姿勢だったため、夕方になるともうガチガチ。肩が回らないくらいでした。いまは「ちょっと肩がこったかな」と自覚するぐらいにまで改善されました。

むくみもひどく、夕方になると足がむくみ、だるくてだるくてたまらなくなりました。ブーツも履けないような状態でした。「深呼吸ダイエット」のおかげで、むくみによる足のだるさもなくなりました。このダイエット法で、水分を控えられるようになったことがよかったのだと思います。

◎念願の妊娠、4140gの超Big Babyを出産しました

私たち夫婦は、子供が欲しくてたまりませんでした。でも、なかなか子供が授からないこともあって、「私の体質もあるかもしれない。不妊治療も考えないといけないのかな」と思っていました。

「深呼吸ダイエット」のおかげで、私の生理周期は初めて28日の標準的な周期になっていました。40日周期だと、年に排卵のチャンスは9回程度ですが、28日周期だと13回もあるんですね。

子供が欲しい私たちにとって、この4回の差は大きいですよね。体温を測っても、高温期と低温期が明確になるようになりました。

そして、「深呼吸ダイエット」を始めて5ヵ月目の12月、やりました。

妊娠しました!

その後、出産予定日の2週間遅れ、計測の誤差、先生の勘が外れた（?）ということも重なって、産まれてきた子供は4140g、54cmの超Big Baby!

初産で巨大児だったにもかかわらず、分娩室に入って1時間弱で、自然分娩で出産できました。巨大児出産したお母さんにありがちな痔やむくみもなく、母子ともに健康そのものです。

いまは、まだまだ子供に手がかかります。「深呼吸ダイエット」をやる暇がありません。もう少ししたら、またスタイルと体調を取りもどすためにがんばろうと思っています。

体験談

下半身肥満にも、便秘という長年の友達ともサヨウナラ

村田志津（48歳）

「深呼吸ダイエット」の名前を初めて知ったのは、2005年10月末のことでした。先にこのダイエット法を始めていた友人に、1ヵ月ぶりに会ったのです。

「あれっ？　あなた痩せたんじゃない？　何かやっているなら、教えてよ〜」

「えへへ……。バレた？」

これがそのときの会話。彼女は1ヵ月前より明らかに体全体がスッキリしていて、顔も小顔。とくにお腹周りはペチャンコ、ヒップも小さくなっていました。

私は太っているほうではありませんが、彼女とのお腹周りの差は歴然でした。私の下腹はポッコリ……。彼女はスッキリ、ペチャンコ……。

「これは絶対教えてもらってやらないと！」

そう決めて教えてもらったのが、「深呼吸ダイエット」だったのです。

私は上半身は9号Mサイズ、でも、下半身は11号Lサイズ。いわゆる下半身肥満でした。立ち仕事のせいで、むくみとセルライトでパンパンな太ももとふくらはぎ。彼女から、「代謝が悪く、体液や血液の循環が悪いからよ」と教えてもらいました。

私には、便秘という長年の友人もいました。3日4日お通じがないのは当たり前、ひどいときは1週間以上もお通じがないこともありました。

下半身デブと便秘。この悩みから開放されたい一心で、「深呼吸ダイエット」を始めたのです。

始めてみると、呼吸が続きません。呼吸がスムーズにできないのです。自分の呼吸がいかに浅く、短く、口呼吸をしていたかを再認識させられました。でもすぐに慣れ、深く長い呼吸ができるようになりました。

その結果、最初の5日間で3kgのダイエット！

これにはビックリしました。便秘で下剤を使ったときだって、3kg落ちたことがなかったからです。

いまは通常食ですが、リバウンドもしていません。お腹周り（下腹）もスッキリ、ペチャンコ。ウエストも4cmダウンです。

長年の友人だった便秘ともサヨナラできました。

1日1回は必ず、「トイレにいきたい」ということを経験しています。本当にうれしい限りです。

そして、むくみとセルライトでパンパンだった太ももとふくらはぎは……というと、こちらもスッキリしてきています。Gパンをはいたあと、いままでは両足の内側・外側にGパンの縫い目のラインがくっきりついていましたが、いまはそれもありません。

「うん、ということは、締まってきたのかな?」

こう思っています。

睡眠不足もありましたが、よく眠れるようにもなりました。

「深呼吸ダイエット」のおかげで下腹とウエストがスッキリ、それに便秘という長年の悩みから解放されたことは、本当にうれしいことです。教えてくれた友人に、大感謝です。

「『深呼吸ダイエット』は、ずぅ〜と続けていけるダイエット法で、同時に、体質改善もしてくれる、他には絶対にない健康法!」

私はこう確信しています。

体験談

健康に働けるうえ、「若くなったね」といわれる日々に感謝

小川雅美(43歳)

いま私は、週に6日働いています。「続けばいいけど、いつまで続くかなぁ?」

と最初は不安に思っていたのですが、いまも普通の人のように働けています。

週に6日働くこと……。

普通の人にとって当たり前のことかもしれませんが、私にとっては大変なことだったのです。これも「深呼吸ダイエット」のおかげです。

というのも、20代のころから腰痛と腎臓が悪く（先生からは遊走腎といわれました）、週に4日しか働けなかったからです。週に5日以上働くと、ひどい腰痛のため、2週間ぐらい動けなくなります。腎臓は片方しか正常な働きをしていないので、普通の人の3倍疲れます。そのため顔も体もむくんでいました。

低血圧で、夏になると下が40くらいのときもあり、朝など起きるのが辛くてたまりません。体温も低く、35度4分が平熱でした。服のサイズは上が9号、下が11号でした。

そんな状態でお仕事をしていましたので、40歳くらいからパニック症候群になってしまいました。もう目の前が真っ暗な状態になってしまいました。

「体質改善にいいダイエット法があるよ」

信頼していた友人が「深呼吸ダイエット」を教えてくれたのは2004年3月の

年齢：43才　身長：150cm
標準体重：42.8kg～49.5kg

利用期間	2004/3/13～4/17		
	利用前	利用後	効果
体　重	47kg	43kg	−4kg
ウエスト	67cm	63cm	−4cm
体脂肪率	28%	24%	−4%

体質改善：腎臓　むくみ　低血圧・低パニック症候群

初頭。3月13日には、もう始めていました。

このダイエット法を始めて1ヵ月くらいで、47kgあった体重は43kgと、4kgのダイエットができました。ウエストも67cmから63cmと、4cm締まりました。体脂肪率も28%から24%に、4%ダウンしました。

ダイエットできたこともうれしいことはうれしかったのですが、私にとって、元気になって、普通に働けるようになったことが何よりでした。

「すごく元気になったじゃない、ビックリしたわ。よかったね。がんばってね」

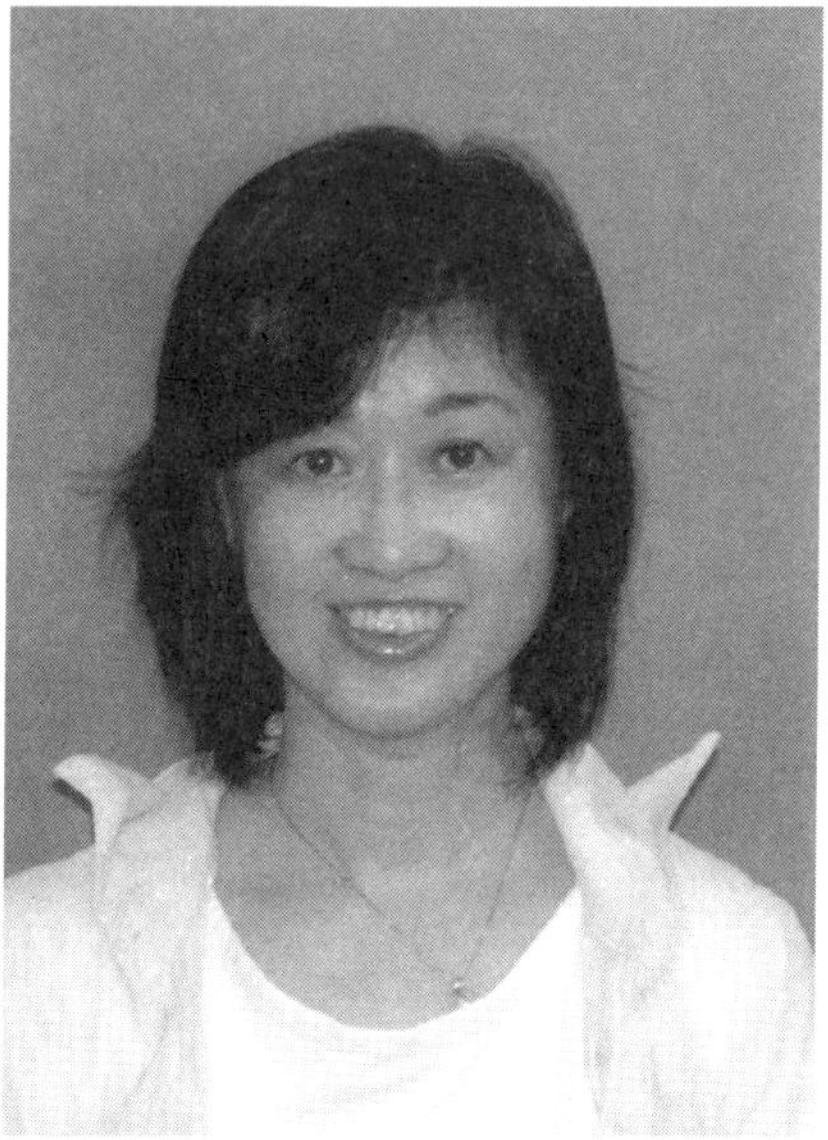

教えてくれた友人や周りの人もこういってくれます。励ましてくれます。

夏でも、朝、「深呼吸ダイエット」をすると、元気に会社にいけます。駅の階段も、元気に上がれるようになりました。

体温も正常になり、いまは平熱が36度になりました。洋服のサイズは上下とも7号サイズになり、パニック症候群も一度も出ていません。

でも、いちばんうれしいのは、何年も会っていなかった友人に会うと、必ずこういわれることです。

「以前より若くなったね！」

「深呼吸ダイエット」に出会えて本当に良かったです！　うれしいです！

体験談

血糖値が正常に！　入院もインスリン注射もしないですんだ

上田啓子（56歳）

痩せたい！　痩せてきれいになりたい！

これが「深呼吸ダイエット」を始めるいちばん多い動機でしょう。

私も「痩せたい」という気持ちは同じでしたが、ただきれいになるために痩せたいだけではありませんでした。私には、糖尿病改善という目的があったのです。

2年ほど前、糖尿病で入院しました。幸い退院できましたが、退院後もサプリメントを飲むほか、自分なりに改善を目ざしていろいろ努力しました。

退院した当時、私の体重は58kgありました。先生から「体重を50kgまで落とすように」といわれ、1年がかりでやっと54kgになりましたが、そこからなかなか落ちません。

「深呼吸ダイエット」を申し込んだのは、２００５年8月20日です。友達からこのダイエット法を聞き、体重が落ちなくなっていた私はすぐに申し込んだのです。

その2日後が、ちょうど定期健診の日に当たっていました。病院で検診を受けた結果、血糖値が263、HbA1cが11・2まで上がっていました。

「入院してインスリンを打たないと大変なことになる。すぐに入院しなさい」

先生からは、厳しい顔でこういわれてしまいました。

入院はしたくなかったので、「少し待ってください」とお願いし、2週間ほど猶予期間をいただきました。

といっても、自分でどうにかする当てがあったわけでもありません。ワラをもつかむ思いで、本当にワラをもつかむ思いで、羅先生に相談させていただきました。

先生は、親身になって相談を聞いてくださいました。その結果、8月29日から、先生の指導を受けることになったのです。

食事制限などもあり、不安がなかったといえばウソになります。でも羅先生を信じ、ご指導どおりに必死に実行しました。私には、これしかなかったのです。

「深呼吸ダイエット」を5日実行し、5日休む。このパターンを繰り返しました。

最初の5日間で体重が3kg、ウエストが2cm締まりました。

次の5日間で体重が1kg、ウエストが5cm締まりました。

正味10日間で、体重が54kgから50kgと4kg減！　ウエストは79cmから72cmに、7cmも落ちたのです！

効果はこれだけではありません。

首周りが34cmから33cmに1cm減！

下腹部は88cmから81cmに7cm減！

ヒップも86cmから85cmに1cm減！

太ももは48cmから45cmに3cm減！

上から下まで、私の体はぐんと締まっていました。体調も良く、体も軽い。顔色もよくなっています。

「絶対、よくなっている！」

こう確信を持って、再検査に臨みました。

検査の結果、血糖値は半分以下の111！

先生がビックリするほどよくなっていて、入院はなし、インスリンもなしになったのです。いまも食事には気を使いながら、「深呼吸ダイエット」を続けています。

おかげで血糖値もコントロールできるようになり、正常値を保っています。

PART4

目からウロコ！
これで「痩せる力」が目覚める！

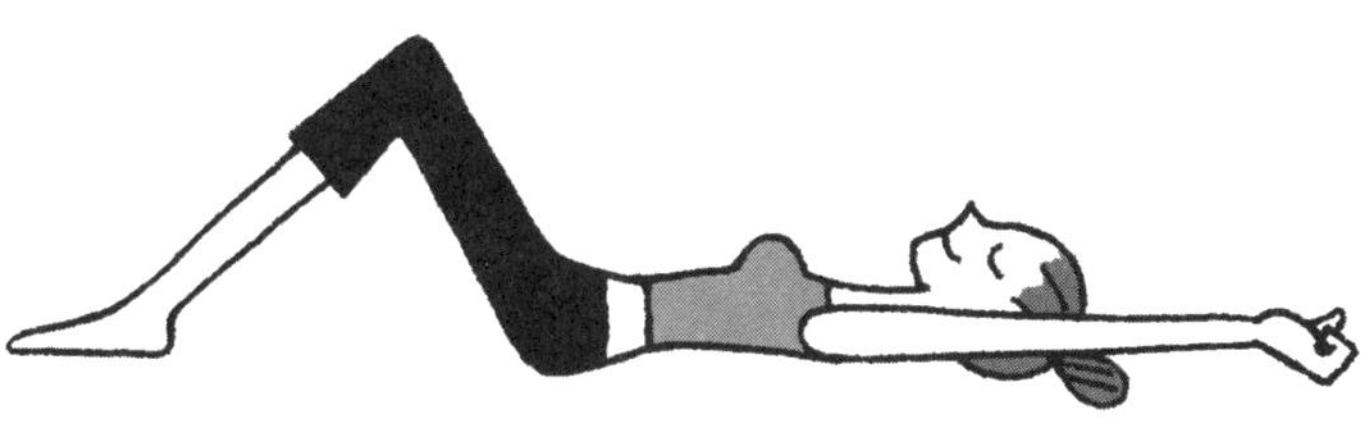

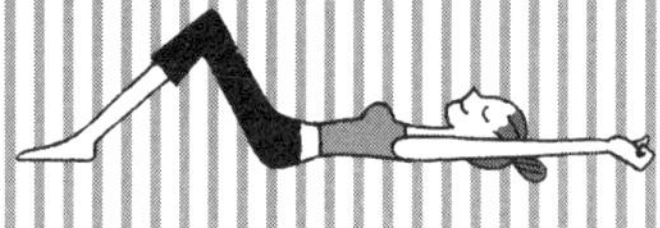

3000リットル！私たちは1日にそれだけの酸素を吸っています

PART3では、10名の体験談を紹介しました。

「深呼吸ダイエット」の体験談をすべて紹介するとなると、この本1冊ではとうていおさまりません。ここでご紹介した10名の方は、ほんの一部です。

「私でも大丈夫？」

不安に思っておられたあなたでも、自信が湧いてきたことでしょう。

それにしても、「深呼吸ダイエット」でなぜここまでのダイエットが実現できるのでしょう？

「前に、『痩せる力』が体脂肪を燃やすって話があった……。きっと、『痩せる力』がアップするから、ダイエット効果があるに違いない！」

こう考えられた方は、◯です。その「痩せる力」をアップさせる秘訣が、「深呼吸ダイエット」で創案された呼吸法なのです。

ところで、呼吸とはいったいどういうことをいうのでしょう？

「小学生の質問！　肺に空気を取り入れ、そこから酸素を取り出して、二酸化炭素を体の外に出すことじゃない」

はい、◯です。では、私たちは１日にどれくらいの酸素を吸っているのでしょう？

多分、正解される方は少ないでしょう。ちょっと計算してみましょう。

私たちは、１分間に20回前後の呼吸をします。１回の換気量平均は０・５リットル、空気中の酸素濃度を約21％とすると、こんな計算になります。

１日の呼吸回数＝20（回／分）×60（分）×24（時間）＝２８８００回

１日の換気量＝２８８００（回／日）×０・５（リットル）＝１４４００（リットル）

１日に吸う酸素量＝１４４００（リットル／日）×０・21＝３０２４（リットル）

私たちは１日に１４４００リットルの空気を吸い、３０００リットルもの酸素を

吸っている！
１リットル入りの牛乳パックを考えると、牛乳パック１４４００個分の空気を吸い、そこからパック３０００個分の酸素を取り込んでいるのですね。
この数字を見て驚かれた方は多いでしょう。初めて知ったとき、私もビックリしたものでした。

なぜ、私たちは呼吸するのでしょう？

では、なぜ私たちは呼吸し、こんなに大量の酸素を吸うのでしょう？

「呼吸しないと苦しくなって死ぬから……」

この答えは採点がちょっとむずかしいですね。しいてつけると△かな。

実は、エネルギーをつくるために、私たちは呼吸し、酸素を体に取り込んでいるのです。

考えるときや筋肉を使うとき、私たちはエネルギーが必要です。いえ、心臓や肺などが動くにもエネルギーが必要です。新陳代謝にも、エネルギーが必要です。

ちょっと新陳代謝を説明しますと、新陳代謝の「新」は新しい細胞、「陳」は古い細胞のことです。新陳代謝とは、体で毎日おこなっている新しい細胞と古い細胞の交換活動になります。だから、新陳代謝のことを「細胞のリモデリング」ともいいます。

私たちは、60兆～100兆個の細胞からできているといわれています。新陳代謝で、1日に、私たちの体ではどれくらいの細胞が入れ替わっているでしょう？

「1日に1000個、5000個、1万個。どれが○でしょうか？」

この答えは全部×。すごいことに、1日に約1兆個もの細胞が入れ替わっているのです。

新陳代謝でこれほど大量の細胞を入れ替えるためには、大量のエネルギーが必要です。それ以外に、動いたり、考えたり、心臓や肺が動くためにもエネルギーが欠かせません。それを考えると、いったいどれくらいのエネルギーが必要になるか、気が遠くなりませんか。

必要なエネルギーは、3大栄養素（糖質、たんぱく質、脂質）に大量の酸素を加

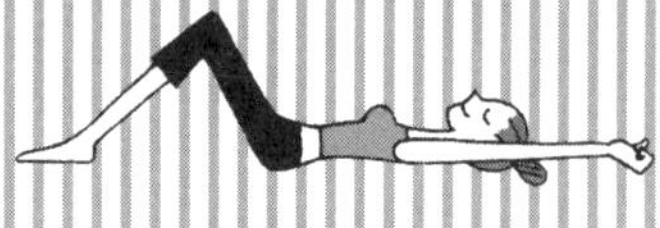

えて初めて、つくられます。3大栄養素は食事からしか摂れませんし、酸素は呼吸からしか得られません。このため、私たちは呼吸と食事をしないと生きていけないのです。

栄養素を摂るため、私たちは1日2〜3回の食事で2kgぐらいの食物を食べます。このうちの半分以上は水分で、実際に摂れる栄養素は数百グラムしかありません。どうですか、体が必要なエネルギーをつくるため、毎日数百グラムの栄養素しか摂っていません。これに対し、酸素は数千リットルも消費しているのですね。

水さえ飲んでいれば、人間は60日くらいは生きていけるといわれています。でも、空気のないところでは、5分も生きていられません。1日に消費する酸素の量を半分にしたら、ほとんどの人間は死に至るおそれがあるのです。

呼吸は1種類?
いいえ、私たちは2種類の呼吸をしています

私たちが生きていくには、エネルギーが欠かせません。そのエネルギーをつくる

ためには、酸素が欠かせません。だから、私たちは呼吸し、空気からその酸素を得ているのですね。

エネルギーをつくるポイントは酸素！

ここでも出てきましたが、これが非常に大事なポイントです。

その酸素を、私たちは呼吸で取り入れます。さて、ここからが核心です。

「毎日、私たちがおこなっている呼吸には何種類あるでしょう？　1種類ですか、2種類ですか？」

1種類と答えた方は×。実は、私たちは2種類の呼吸をしているのです。

2種類の呼吸のうち、一つは肺の呼吸（外呼吸）です。1種類と答えた方は、この肺の呼吸だけを考えられたはずです。

ではもう一つの呼吸は？　それは、細胞の呼吸（内呼吸）です。

実は、エネルギーをつくるために必要な酸素を得るため、私たちは外呼吸と内呼吸という2種類の呼吸を同時におこなっているのです。

外呼吸では、体の外から空気を取り入れます。取り入れられた空気は、肺のなかの血液と化学反応を起こします。これは、空気中の酸素と血液中の二酸化炭素との

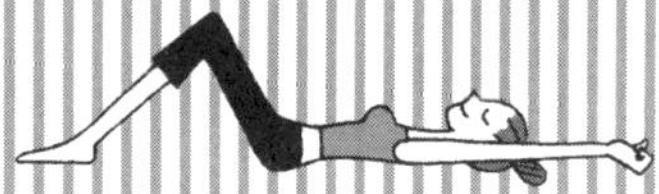

交換をおこなっています。

一方の内呼吸でも、同じです。血液によって運ばれた酸素を細胞のなかに取り込み、エネルギーを排出し、二酸化炭素を排出します。そのときに活躍するのが、細胞のなかのミトコンドリアでしたね。

この2つの呼吸（外呼吸と内呼吸）での換気効率（酸素と二酸化炭素の交換効率）がよくなれば、体のなかの炭水化物や脂肪がガンガン燃え、絶えず大量のエネルギーがつくられます。

この状態がどんな状態か、お分かりでしょうか？

「基礎代謝がアップした状態？」

大正解！　こう答えられれば、もう最後のダイエットの扉は半分開いたも同じ。あと少しで、「深呼吸ダイエット」の秘密の扉は完全にオープンします。

どうすれば2種類の呼吸の効率がよくなるでしょう？

いま、こういいました。大事なことなので、もう一度いいます。

「2つの呼吸（外呼吸と内呼吸）での換気効率がよくなれば、体のなかの糖質や脂肪がガンガン燃え、絶えず大量のエネルギーがつくられます」

この2つの呼吸の換気効率をよくするために、どんなことが必要でしょうか？

「簡単！　取り入れる酸素の量をもっと多くすればいい」

そう、○です。

内呼吸で使う酸素も、元は外呼吸で取り入れられた空気に含まれています。外呼吸でより多くの酸素を取り入れるためには、まず1回1回の外呼吸で、できるだけ多くの空気を吸い込むことです。これは、「外呼吸の効率アップ」ですね。

では、内呼吸でより多くの酸素を確保するためには、どうすればいいでしょうか？

「酸素は血液で運ばれるから、血液で酸素が運ばれやすくする。○でしょ！」

おっしゃるとおり、それで○です。

肺のなかに取り込まれた酸素は、赤血球のなかのヘモグロビンという物質と結びつき、体の隅々の細胞まで運ばれます。その通路が血管で、最終的に細胞に酸素を

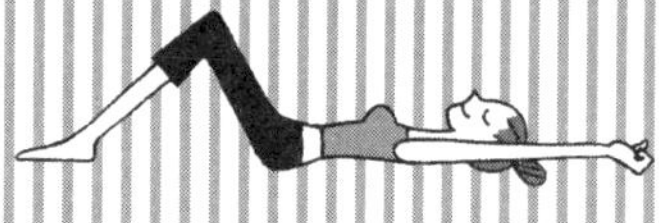

届けるのはミクロン単位の毛細血管です。

　このとき、全身の血管、とくに毛細血管が縮んで細くなったままの状態だったらどうなるでしょうか？

「血管が縮んで細くなると、通路が狭くなる。だから、酸素を効率よく全身に送ることができない。たくさんの酸素を細胞に運ぶためには、血液がたくさんの酸素を運べるようにしないとダメ」

　ここまでの答えが出れば、◎です。これは、「内呼吸の効率アップ」ということになります。

　ここで2つのことが明らかになりました。

①外呼吸での酸素量を増やす……吸う空気の絶対量を増やす
②内呼吸での酸素量を増やす……血液の酸素運搬能力をアップする

　このことはご理解いただけたと思います。

血液の循環は、私たちの意志では左右できません

いま明らかになった2つのうち、「①吸う空気の絶対量を増やす」は意識すればできます。でも、「②血液の酸素運搬能力のアップ」は、いくら意識してもできません。

ところで、あなたは自分の呼吸を意識していますか？

普段の呼吸では、まず意識していないと思います。でも、呼吸を早くしたり遅くしたり、深くしたり浅くしたりはできます。それが呼吸法ですね。

では、心臓はどうでしょうか？

心臓を止めたり、血液の循環を早くしたり、遅くしたりできるでしょうか？できませんよね。呼吸は自分の意志で調節できても、心臓の動きや血液の循環は調節できません。できなくても、これは当然なのです。

心臓の役割は、血液を押し出すポンプのようなものです。でも、心臓だけでは十

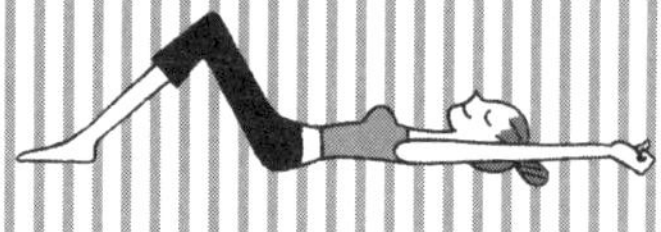

分な血流が全身に及びません。とくに細部の毛細血管では、心臓の力はほとんどなくなってしまいます。

では、どうしてそんな毛細血管にまで血液が流れるのでしょうか?

「血管自体がいつも縮んだりふくらんだりしていて、その圧力で血液を送ることができる」

これが○。こう答えられた人は、なかなかよくご存知ですね。

心臓と血管は、あなたの意志に関係なく、勝手に動いてくれます。だから、血液の循環も、自分の意志とは無関係におこなわれているのですね。

それをコントロールしているのが、自律神経です。自律神経は、自分の意志に関係なく、体のために働いてくれる機能をコントロールする神経システムです。

細胞に大量の酸素を届けるには、自律神経の調整が必要です

自律神経は、交感神経と副交感神経に大きく分かれます。この2つはお互いに正

【交感神経と副交感神経の働き】

	交感神経	副交感神経
心臓	老化、心拍数増大、冠動脈拡張	心拍数減少、冠動脈収縮
肺、気管支	気管支拡張	気管支収縮
唾液腺	粘液性唾液分泌促進	漿液性唾液分泌促進
胃	胃液分泌、消化運動抑制	胃液分泌、消化運動促進
小腸、大腸	分泌、消化運動抑制	分泌、消化運動促進
血管	血管収縮	血管拡張

反対の働きをし、血流とも深い関係があります。交感神経と副交感神経の主な働きは、上の図のようにまとめられます。

血管と交感神経、あるいは副交感神経の関係を簡単にいいますと、交感神経は血管を縮め、副交感神経は血管を拡げます。交感神経と副交感神経がバランスよく働くことで、私たちの血管は正常に働きます。そして、その働きのおかげで、血液が全身の隅々にまで送り届けられるのです。

現代人は交感神経が働きすぎて、副交感神経の働きが弱い……。よくこんなことがいわれます。

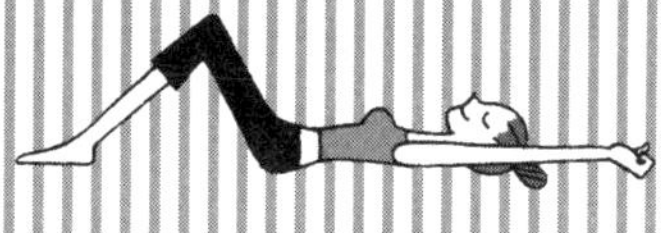

交感神経が働きすぎることは、血管を縮ませる力が強いということです。副交感神経の働きが弱いということは、血管を拡げる力が弱いということです。こうした状態は、よい血流の状態とはいえません。

また、現代人の特徴として、高脂肪・高カロリー食の摂りすぎもよく指摘されます。こうした食事をし続けていると、体のなかに、余分な脂肪がたまります。その結果、血液が汚れたり、ドロドロになったりします。

交感神経が働きすぎ、血管を拡げる力が弱くなっている!

血液もドロドロ……。

これでは、血流が悪くなるのも当然ですね。細胞に運ばれる酸素の量も少なく、細胞での換気効率も悪くなります。

最終的に脂肪を燃やし、エネルギーをつくるのは細胞です。その細胞が酸欠状態になってしまえば、脂肪が燃えにくくなります。これでは、脂肪を燃やしてダイエットするのはなかなかむずかしくなりますね。

血流をよくし、細胞に大量の酸素を運ぶためには、まず血管を拡げることです。そのために何が必要でしょうか?

「血管を拡げるのは副交感神経だから、副交感神経の働きを高めればいい」

この答えでOK。

ただし、副交感神経の働きだけを高めると、今度は拡げる力ばかりが強くなります。血液の通り道は広くなりますが、血液を圧し出す力が弱くなります。二酸化炭素やいろいろな老廃物を回収する力が弱くなり、これもまた問題です。

大切なことは、血管を拡げる力と、縮める力のどちらも十分にうまく機能するようにすることです。弱くなった副交感神経の働きを高めながら、交感神経とのバランスをよくすることが非常に大切なのですね。

2つの要素を満足させる「深呼吸ダイエット」の呼吸法

「寝ながら『深呼吸ダイエット』をしていたら、冷え性が改善された」

「この呼吸法で、平均体温が2度以上も上がった」

「深呼吸ダイエット」の体験者から、こうした報告がたくさん寄せられています。

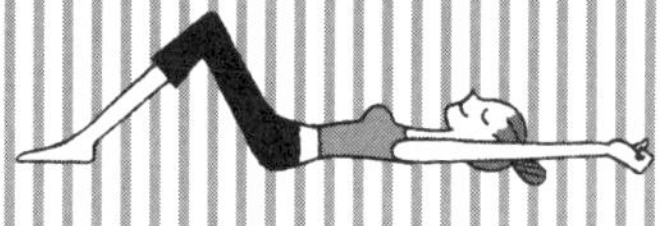

その理由は「深呼吸ダイエット」の呼吸法で脂肪がガンガン燃え、基礎代謝がぐんとアップしたからなのです。

脂肪がガンガン燃え、基礎代謝がぐんと上がったということは、「内呼吸の効率アップ」が達成できたからです。細胞への酸素の供給が増え、二酸化炭素との換気効率が高まった証明以外のなにものでもありません。

当然、その前提となる「外呼吸の効率アップ」もできています。肺に取り入れる空気の量が増え、そこから大量の酸素が取り出されているのですね。

その秘密が、「深呼吸ダイエット」の呼吸法にあります。

「深呼吸ダイエット」の呼吸法は、中国古来の腹式呼吸法、閉息呼吸法、丹田呼吸法、数息呼吸法などの集大成です。そうした呼吸養生法を踏まえ、生物生理学、人間の体の自律神経システムの研究成果もプラスされています。

どれだけ多くの空気を肺に取り込み、どれだけ多くの酸素を取り入れるか……。

体の隅々の細胞に、どれだけ多くの酸素を運ぶか……。

健康を願ういろいろな人間が、いろいろな方法を追求してきました。その知恵が、画期的な呼吸法、「深呼吸ダイエット」の呼吸法として集約されているのです。

「深呼吸ダイエット」のダイエット効果には、姿勢も関係しています。

ここで、PART1の「なぜ、ダイエットには運動が欠かせないは×なの？」のポイントを思い出してください。

そのとき、「脂肪は、安静時と大量の酸素があるときに燃える（分解される）」という話をしました。安静時のエネルギー源の70％以上は、脂肪でした。その脂肪は、大量の酸素があるときに燃える（分解される）こともお話ししましたね。

「深呼吸ダイエット」の呼吸法で、外呼吸と内呼吸の酸素の量がぐんと増えています。しかも、この呼吸法は寝たまま、リラックスした状態でおこないます。つまり、完全な安静状態です。

だから、脂肪がガンガン燃える！

脂肪がガンガン燃えれば、ダイエットできる！

「深呼吸ダイエット」なら、らくらく痩せられる。無理なくダイエットできる。そこには何の不思議もないのです。

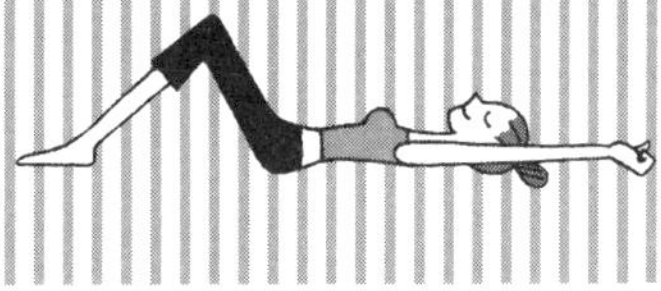

間違いだらけの呼吸法では、ダイエット効果が出ません

ここまで読まれて、「深呼吸ダイエット」の呼吸法の秘密がだいたいお分かりになったと思います。ただこの呼吸法は奥が深く、ここで全部が説明できたわけではありません。いつか、もっと詳しい呼吸法の本を書きたいと考えています。

そこで、あなたはどう思われたでしょう?

「呼吸法を使うダイエットなら知っています」

「呼吸法なら、やったことがあります」

「呼吸の大事さなら、よく分かっています」

そう思われたあなた……。そのあなたにこそ、続けて読んでいただきたいのです。なぜなら、あなたの知っている呼吸法は、「間違いだらけのダイエット呼吸法」だからです。そうでなければ、あなたはとっくにダイエットとリバウンドの繰り返しから抜け出していたはずです。

あなたの知っている呼吸法は、いままで流行っていた丹田呼吸法、瞑想呼吸法、それにヨガの呼吸法などでしょう。このあと、こうした呼吸法は「従来の呼吸法」ということにします。

脂肪を燃やし、基礎代謝を上げる決め手は、外呼吸と内呼吸という2つの呼吸でした。「深呼吸ダイエット」の呼吸法は、この2つの呼吸の換気効率の最大化を可能にします。でも、従来の呼吸法では、この2つの呼吸の換気効率があまりにも非効率なほか、効率的なダイエットに必要な条件を満たせません。

このような問題点が従来の呼吸法の特徴にあります。

①腹筋呼吸
②立つ、あるいは座った姿勢でおこなう
③吐くことを重視する

こうした特徴があるために、従来の呼吸法はダイエットに不向きな問題点が目立ちます。ということは、従来の呼吸法は、ダイエットに致命的な弱点を持っていることになりますね。これでは短期間で、効率よく、しかも抜群の効果で体脂肪をガンガン燃やす効果が期待できるでしょうか？

もちろん、効果は期待薄ですね。ダイエットの観点からすると、従来の呼吸法は効果の出にくい呼吸法なのです。だから、「間違いだらけのダイエット呼吸法」と、私はいったのです。

間違いだらけの呼吸法①
酸素の供給効率が悪い

従来の呼吸法で指摘したい第1の問題点は、「酸素の供給効率の悪さ」です。

細胞に大量の酸素を届ける最大のポイントは、なんといっても1回の呼吸で肺に取り込む空気の量を増やすことです。そうすれば、取り込まれる酸素の量を増やすことができます。

お腹をふくらませて肺をふくらませ、空気を吸い込む役目を果たしているのは横隔膜です。

従来の呼吸法は腹筋を使い、立ったり、座ったりしておこないます。

こうした姿勢では背中と腰の筋肉が緊張状態になり、お腹の空間が狭くなります。

横隔膜の動きが邪魔され、十分に動かすことができません。1回で吸い込む空気の量が少なくなり、酸素の取り込み量も少なくなってしまいます。

また、従来の呼吸法は、腹筋を使った「吐く（呼気）」から始まり、吐いて、吐いて、吐ききると、フイゴがふくらむように「吸う（吸気）」を受動的に起こす方法です。呼吸の重点が「吸う」ではなく、「吐く」にあります。この呼吸法だと、「吸う」が受動的におこなわれるため、空気の取り込みの最大化がはかれません。

ちょっとやってみましょう。

最初は、「深呼吸ダイエット」の呼吸法のように、鼻から吸って鼻から出します。次に、腹筋を使って吐いて、吐いて、吐ききってください。苦しくなると、人間というものは自然に吸い込もうとします。

どちらが、多くの空気を取り込めたでしょうか？　もちろん、鼻から呼吸したほうだと思います。腹筋を使って吐くことを重視する呼吸法では、実はそれほど大量の空気が取り込めないのです。しかも細胞に届けられる酸素の量は、どうしても少なくなりますね。

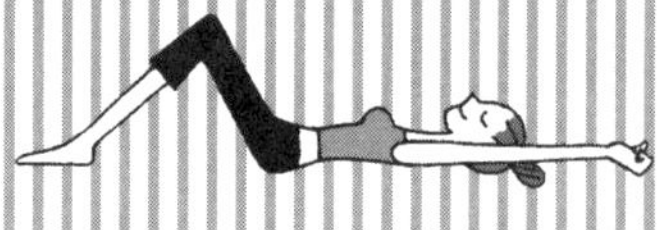

間違いだらけの呼吸法②
脂肪が燃える理屈に反する

いまの話とも関連しますが、第2の問題点は「脂肪が燃える理屈に反する」ことです。

51ページで、糖質と脂肪が燃えるときの比較をしました。1分子の脂肪を燃やすためには23分子の酸素が必要で、その結果、130分子のエネルギー物質（ATP）がつくられるというあの話ですね。

そのときにはいわなかったのですが、同時に、16分子の二酸化炭素が排出されます。つまり、23分子の酸素を使って、16分子の二酸化炭素が出るわけです。

吐くことを重視する従来の呼吸法は、二酸化炭素のほうにポイントが置かれます。吸うほうは受動的におこなわれますから、取り入れられる酸素は少なくなります。

脂肪を燃やすのは酸素です。脂肪が燃える理屈を考えると、吐く二酸化炭素を増やすより、吸う酸素をどう増やすかのほうが大事になるのはお分かりですね。

従来の呼吸法は、脂肪が燃える理屈に反している！

こういう理由がお分かりだと思います。

間違いだらけの呼吸法③
呼吸が浅く、長く続けるのに不向き

第3の問題点は、「呼吸が浅く、長く続けるのに不向き」なことです。

やってみるとすぐお分かりになるでしょうが、腹筋を使って吐くことを重視する従来の呼吸法だと、呼吸が浅くなり、長い呼吸を連続して続けることがむずかしいものです。従来の呼吸法は、長く呼吸したあと、必ず短い胸式呼吸で息を整えます。それも、この第3の問題点があるからなのです。

その理由は、腹筋は疲れやすい筋肉で、同じ動作を長時間繰り返すには不向きな筋肉だからです。長く（30分以上）の腹筋呼吸を続けるには相当な体力が必要で、立ったり、座ったりの姿勢でおこなうとなるとなおさらです。お年寄りや体の弱い、重い方には、もう大変なことになりますよね。

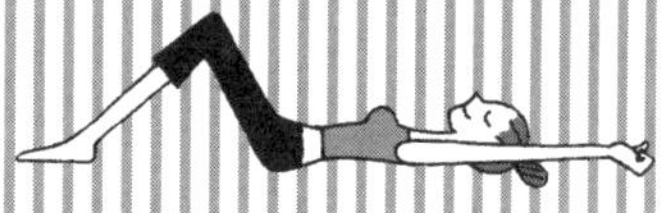

呼吸の第一の目的は、換気です。できるだけ大量の酸素を取り込み、二酸化炭素を多く出すことです。そうした意味では、呼吸は長ければ長いほどよいことになりますね。でも、疲れやすい腹筋呼吸では、この目的を果たすには不向きな呼吸といえるわけです。

間違いだらけの呼吸法④ 自律神経のバランス調整に非効率

第4の問題点は、「自律神経のバランス調整の非効率」です。

内呼吸の換気効率を最大化するためには、血液循環の改善が欠かせませんでした。そして、もうお分かりのように、血液循環をよくする大きな決め手は、自律神経（交感神経と副交感神経）のバランスでしたね。

現代人は、交感神経の働きが強まり、副交感神経の働きが弱っています。弱くなった副交感神経の働きを手っ取り早く改善するためには、副交感神経がいちばん働きやすい状態をつくることです。この状態が、体がいちばんリラックスできる状態です。

では、体がいちばんリラックスできる状態はどんな状態でしょう？

「仰向けに寝て、どの筋肉にも緊張のない状態かしら？」

そうです、その状態が体がいちばんリラックスできる状態なのです。あなたには分かっても、残念なことに、呼吸の達人たちは考え方が違うようです。

もし考え方が同じなら、なぜ一生懸命に腹筋を使ったり、立ったり、座ったり、体を動かしたりしながら、副交感神経を働かせようとするのでしょうか？

どこかの筋肉を緊張させ、体がリラックスできていない状態では、副交感神経がすぐに働いてはくれませんよね。だから、従来の呼吸法は自律神経のバランス調整に非効率的、ダイエットにはなかなか効果があらわれてくれないのです。

「これまでの呼吸法のなかには、横になるものもありますけど……」

確かに、そうした呼吸法もあります。でも、それらの多くの呼吸法は、「腹筋呼吸の横バージョン」です。基本的には同じなのです。

間違いだらけの呼吸法⑤
骨休め不足で、酸素の運搬能力が低い

第5の問題点は、「酸素の運搬能力の悪さ」です。

立ったり、座ったりという姿勢では、数十kgの体重を支える必要があります。そこで腹筋を使う呼吸をすると、重力に抵抗して筋肉が動くことになります。

この状態では、骨と筋肉（とくに骨格筋）が休めません。骨も筋肉も「骨休め不足状態」になって、大量のエネルギーを使います。

骨のなかの骨髄は、血液細胞をつくる大事な役割を持っています。骨休め不足状態で体重を支えるため骨と筋肉で大量のエネルギーが使われると、血液細胞の再生に必要なエネルギーが足りなくなります。結果として、つくられる血液細胞が少なくなります。

細胞に酸素を運ぶ主役は、血液のなかの赤血球です。もう少し詳しくいうと、ヘモグロビンですね。

体のなかには約25兆個もの赤血球がありますが、骨休め不足の状態では元気な新しい赤血球がつくれず、酸素の運搬能力が低下します。こうなると、細胞に届けられる酸素の量が少なくなり、脂肪を燃やす原料不足になってしまうのです。

間違いだらけの呼吸法⑥ 習得に時間がかかり、続けられない

従来の呼吸法の最後の問題点です。

丹田呼吸法やヨガの呼吸法などでは、いろいろなポーズを取ります。

見ただけで、むずかしそう！

ぜい肉がいっぱいついている人、体が硬い人、体が不調の方にとって、習得するのが大変ですよね。いつになったらできることやら、時間もかかります。途中で投げ出してしまう人も少なくありません。

さらに、ポーズを取るためには、どこかの筋肉を緊張させる必要があります。これでは完全な安静状態とはいえませんし、筋肉を緊張させるために交感神経の働き

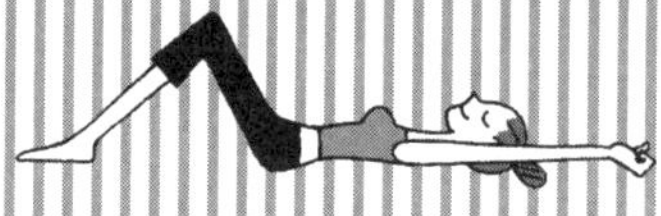

が強くなってもいます。
これらのポーズには、筋肉強化などのすぐれた効果があります。その反面、酸素の供給が邪魔され、脂肪をガンガン燃やすには不十分なのです。

これさえできれば、リバウンドなしは当たり前

ここで、少しだけリバウンドの話をします。

「深呼吸ダイエット」の呼吸法をおこなうと、体内に酸素が大量に取り込まれます。血液循環がよくなり、内呼吸の効率も高くなって体脂肪がガンガン燃えます。

同時に、実施期間中は適度な食事制限（炭水化物類）もしますから、いままで摂りすぎてたまっていた体脂肪を大幅に落とせます。これで、短期間で無理なく、健康的にダイエットできます。

そこで、皆さんの心配なリバウンドの問題です。

ダイエットの実施期間後、しばらくの間は一定の消費カロリーを保っていると血

液循環がよく、自律神経のバランスを整えられた状態が続きます。食習慣もすでに見直していますので、摂取すべき適正な食事ができるようになっています。

これらの相乗作用で、「深呼吸ダイエット」の実施期間が終わっても、適切な食事量と内容が維持できます。適切な量というのは、腹八分目です。だからリバウンドはまずしないのです。

ただし、私たちの生活環境のなかでは、ストレスや食生活を乱すリスクがつねに存在します。目標を達成して安心して気がゆるむと、また食べすぎてしまい、摂取カロリーがアップします。

でも、基礎代謝が上がって消費カロリーがアップしている状態なので、一度や二度くらいなら、全くといってよいほど問題はありません。といっても、これを何度も何度も繰り返してしまうと、カロリー消費量が追いつかなくなります。

「深呼吸ダイエット」では、体質、体調管理が身に付きますので、ほとんどこのようなことはないのですが、もし何らかの要因で、体調管理ができなくなり、自己嫌悪からストレスがたまって、過食に走ってしまえば、交感神経が過剰に働くようになり、血管が再び縮んでしまいます。せっかく回復した自律神経のバランスがまた

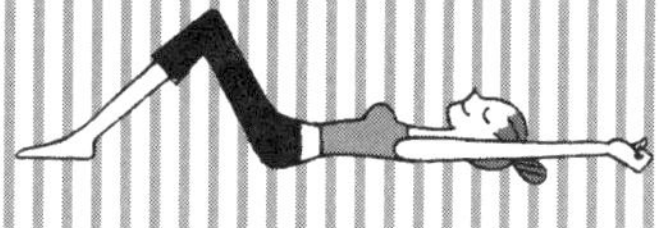

崩れていくのですね。そうなると消費カロリーはさらに減ることになり、いわゆるリバウンド状態に陥りかねません。

でもめげないで！　気づいた時点ですぐにリセット！　自信を持って、またやり直しましょう。

手遅れないうちにすぐ「深呼吸ダイエット」をおこなえれば、数キロの体重増は数日で減らせるから、崩れた体調も短期間で回復させることが可能です。

PART5

ここがポイント!
これで最後のダイエットは成功

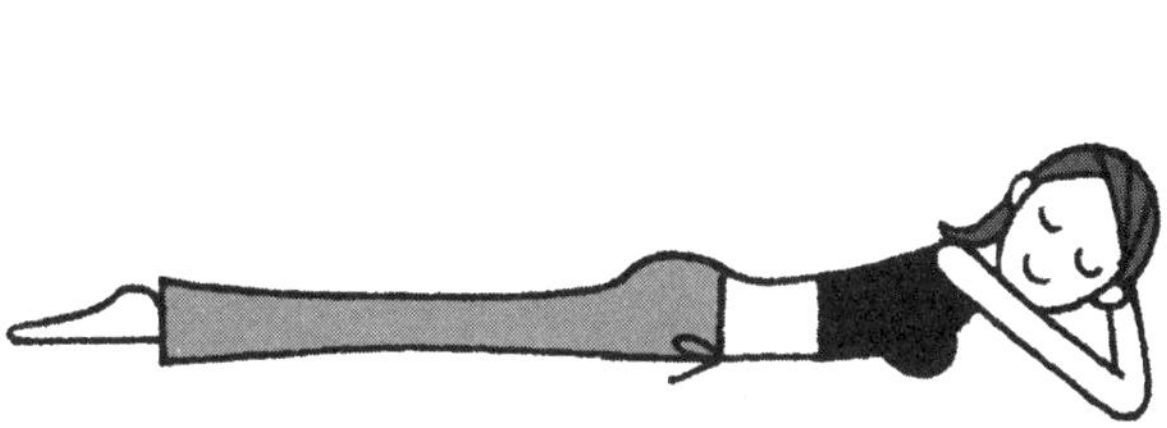

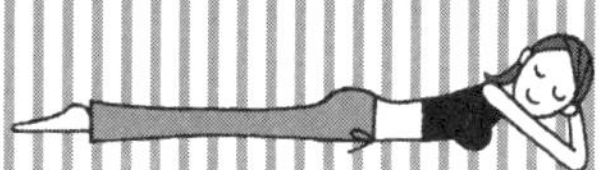

1日2〜3回、1回30〜40分の短期集中でおこないましょう

「深呼吸ダイエット」で、なぜらくらく痩せられるかの秘密はお分かりいただけたでしょう。ここから、「深呼吸ダイエット」を最後のダイエットにするための大切なポイントをお話したいと思います。

最初は、「短期集中でおこなう」ことです。

なぜ、短期集中がいいのでしょうか?

それは、ダイエッターには短気な人が多いからです。短期間で目に見える結果がともなわなければ、すぐくじけたり、やめたりしてしまいます。そう、三日坊主が多いのですね。

他のダイエット法と違い、集中しておこなうと、「深呼吸ダイエット」は効果が目に見えてあらわれます。そうなると、やる気になりますよね。継続するためのモチベーションにつながります。そこからまた、大きな効果が生まれてくるのです。

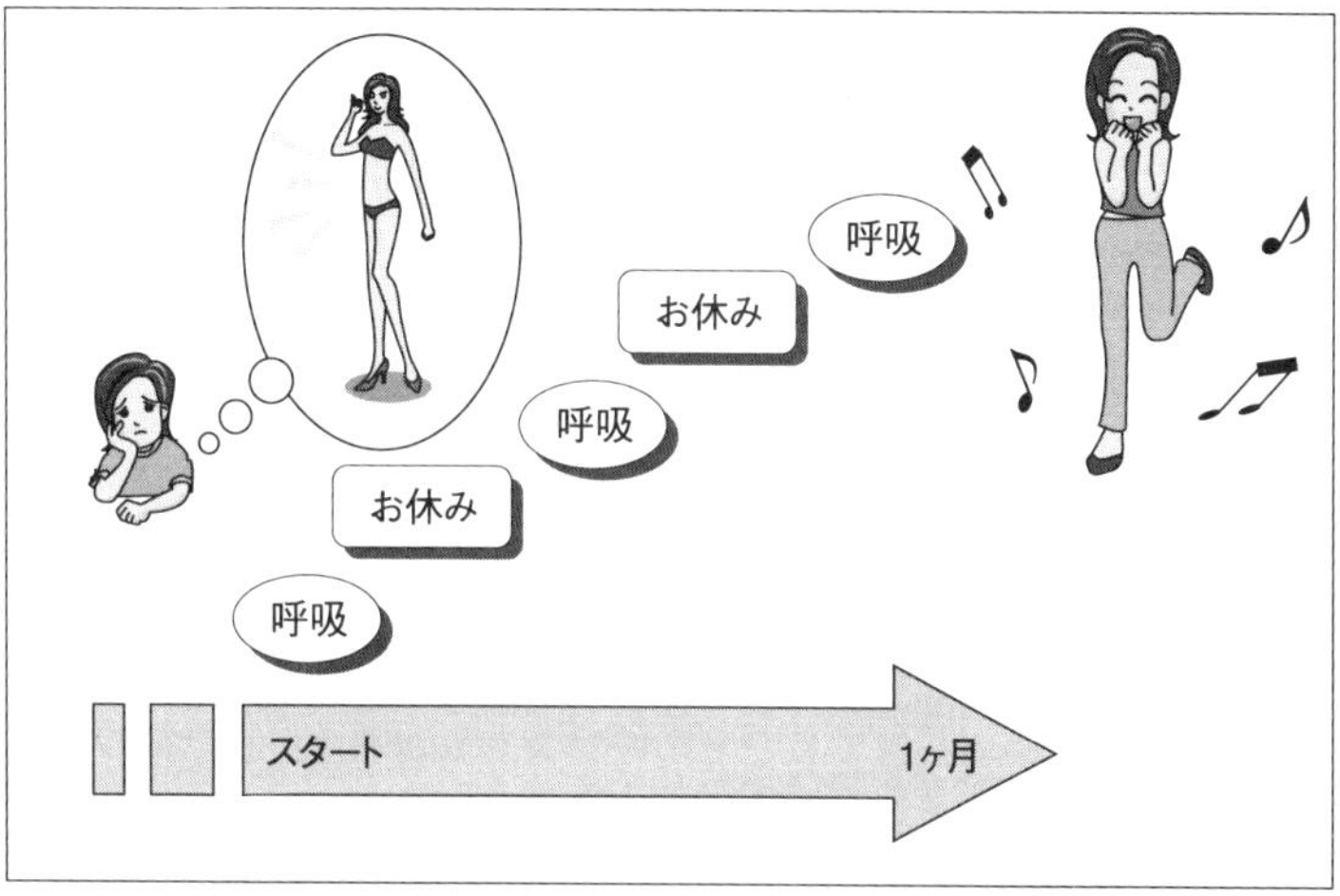

サンプルスケジュールは、5日間の実施期間と5日間の休止期間を交互に3回繰り返し、約1ヵ月(正味15日間)で終了します。

お断りしておきますが、このスケジュールはあくまでサンプルです。利用目的や目標体重、体質、生活習慣などによって、実施回数や食事制限の有無、おこなうタイミングなどは異なってきます。

実施期間中は、1日3回の実施がもっとも効果的です。お仕事や育児などで忙しい方は、朝と夜の2回だけでも十分に効果があらわれます。

実施する時間ですが、1回30〜40分

時刻	実施期間	休止期間
朝	起床、はみがき、洗顔	起床、はみがき、洗顔
呼吸		 実施できればさらに効果的
朝食	節食でも空腹感なし	腹八分目
昼		
呼吸（できれば）		
昼食	節食でも空腹感なし	腹八分目
夜	帰宅、リラックス	
呼吸		
夕食	節食でも空腹感なし	腹八分目

かけておこなえば、ダイエット効果はさらにアップします。ある程度の時間をかけるようにすれば、それだけ取り込む酸素の量が増え、ダイエットの大敵＝体脂肪がそれだけ燃えてくれるからです。

目標体重の設定は、まずできるところから

千里の道も一歩から……。

チリも積もれば山となる……。

いろいろなことわざがありますが、数kg、いえ数十kgのダイエットも、小さな習慣から始まります。その小さな習慣が、まず、1回1回の呼吸からです。

自分が目標としたい体重の決め方はいろいろあるでしょう。その目標体重はあまり欲張らず、まずできる設定から始めることです。最初の設定をクリアすると、人間というのは不思議なもので、やる気が違ってきます。

本気で最後のダイエットをしたい人は、「忙しいから」「時間がないから」「意志

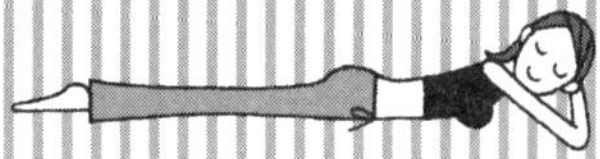

My Diet Diary

目　標

体　重　　　　　　　　**kg**

体脂肪　　　　　　　　**%**

達成したらすること、またはご褒美

	できるところから続けましょう 少しずつ増やしましょう	1日目			2日目			3日目			4日目			5日目			備考
		朝	昼	夜	朝	昼	夜	朝	昼	夜	朝	昼	夜	朝	昼	夜	
実施編	呼吸に集中できましたか																
	同じリズムでできましたか																
	リラックスしてできましたか																
	呼吸後スッキリしましたか																
食事編	よく噛みましたか																
	お腹8分目ですか																
	同じものばかり食べていませんか																
	外食が続いていませんか																
	冷たいものを摂りすぎていませんか																
	脂っこいものは控えましたか																
	ジュースやおやつは控えましたか																
	アルコールは控えましたか																
	寝る前に食べていませんか																
習慣編	できるだけ規則正しく生活していますか																
	ストレスを溜めていませんか																
	身体を冷やしていませんか																
	余分な水分を摂りすぎていませんか																

記録	体　重	kg	kg	kg	kg	kg	
	体脂肪	%	%	%	%	%	
	kg						%
	kg						%
		1	2	3	4	5	

気になったこと

が弱いから」といった言い訳は必要ないはずです。

本気で最後のダイエットにするのなら、「したい!」ではなく、「絶対する!」に気持ちをスイッチしてください。そして、前ページのダイアリーを使い、一歩一歩確実に、目標体重の達成に向かって進んでください。

ダイエット効果を下げる口呼吸をやめましょう

肥満しやすい体質は、普段の生活でのさまざまな習慣の積み重ねの結果であることが多いものです。肥満の体質を根本的に改善し、「深呼吸ダイエット」を最後のダイエットにするためには、これら生活習慣の見直しが絶対に欠かせません。

生活習慣でまず最初に見直したいことは、口呼吸をやめることです。

おもしろいことに、哺乳類で口呼吸ができるのは人間だけだそうです。爬虫類は口呼吸できませんし、哺乳類でも犬や猫、サルなども口呼吸できません。

「でも、暑いときなど、犬はハアハアやっていますよ?」

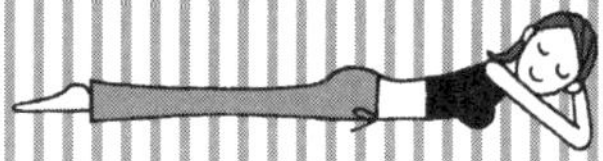

こういわれるでしょうね。あれは口で呼吸しているように見えるのですが、呼吸しているのは鼻なのです。ハァハァやっているのは、熱を発散させるために口を開けているだけなのです。

人間でも、生後1年以内の赤ちゃんは口呼吸できません。鼻呼吸だけなのです。成長するにつれ、鼻呼吸と口呼吸の両方ができるようになるのですね。

PART2で、口呼吸がダイエットの大敵だというお話をしましたね。そのとき、4つのポイントを挙げましたが、覚えておいででしょうか？

「う～ん、忘れてしまいました」

それは、困りましたね。

日常の生活でこの4ポイントがそろえば、太りやすくなってしまいます。だから、毎日の生活でも、ぜひ口呼吸はやめてください。忘れてしまった方は、68ページにもどって確認しておいてくださいね。

ただ、普段の呼吸というのは無意識にやっています。「口呼吸をしていないだろうか？」と、いつも気をつけているのも大変です。そこで、口呼吸になっている場合の例を挙げておきます。

＊口が渇きやすい
＊顔がむくみがち
＊口角（口の脇）が下がっている
＊頬や目もとがたるんでいる
＊知らないうちに、アゴが前に突き出ている
＊猫背、または姿勢が悪いと指摘される

こうしたポイントに思い当たる人は、知らず知らずのうちに口呼吸をしている可能性が大です。口を閉め、鼻呼吸するようにしてください。

体質改善のためにも、口呼吸はチェックしましょう

これまで挙げませんでしたが、口呼吸には、「デトックス（毒だし）がむずかしい」という問題点もあります。ダイエットをしながらの体質改善では、このデトックス困難は大きな問題点になります。

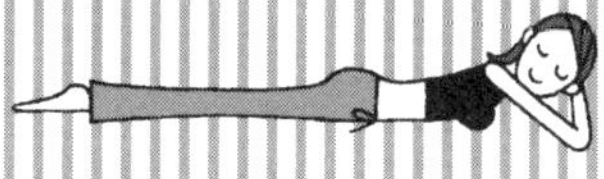

「口呼吸だと、どうしてデトックスがむずかしくなるの？」

お答えしましょう。

細胞呼吸で出された二酸化炭素は、静脈に入り、肺を経由して、呼吸によって体の外に排出されます。

普段の呼吸は、立った姿勢や座った姿勢でおこなっています。このとき浅く短い口呼吸をしていると、肺の下部に空気がいき届かなくなります。

立ったり、座ったりという姿勢では、重力の関係から、肺の下部の血流量が多くなっています。このとき肺の下部に空気がいき届かないと、肺の下部の血流は二酸化炭素が多く含まれたままになります。

それがもう一度心臓にもどり、全身に循環されていきます。口呼吸をすると、体中に老廃物がたまりやすくなるだけでなく、老廃物自体が循環されてしまいます。だから、口呼吸だとデトックスがむずかしくなってしまうのですね。

「深呼吸ダイエット」の真骨頂は、無理なく、自然に、そして簡単にダイエットしながら、体質改善の効果も得られるところにあります。そのためにも、いまご紹介したポイントをチェックし、絶対に口呼吸はしないようにしてください。

適度な食事制限で、炭水化物を減らしましょう

「深呼吸ダイエット」の呼吸法をおこなうと、取り込まれる酸素の量が増え、体脂肪がガンガン燃えます。このとき、分解された脂肪からエネルギーが放出されます。そのとき、食事から炭水化物を摂ると、炭水化物からもエネルギーがつくられます。そうなると、どんなことが起こるでしょうか？

「脂肪からつくられたエネルギーのほうを優先的に使う」

「炭水化物からつくられたエネルギーのほうを優先的に使う」

前の答えは×、あとの答えが○です。

体は、炭水化物からつくられたエネルギーのほうを優先して使うのです。こうなると、せっかく体脂肪を分解して得たエネルギーが十分に消費されなくなります。余ったエネルギーは再び脂肪に変えられ、ダイエット効果が低下します。

そこで、ご飯、パン、めん類などの摂取量を控えることが大切になってきます。

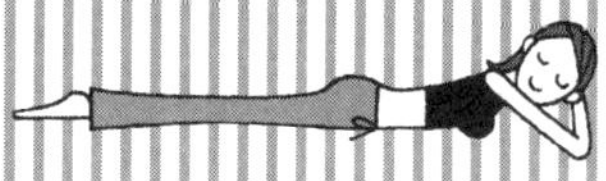

　つまり、炭水化物類の食事制限ですね。

「食事制限をすると、空腹感が心配！　大丈夫なのかしら？」

　食事制限の話をすると、必ずこう心配される方がおられます。あなたもそうなのではないでしょうか？

　でも、大丈夫です。「深呼吸ダイエット」の食事制限は実施期間中だけで、休止期間中の食事制限はありません。

　それに、「深呼吸ダイエット」の呼吸法をきちんとおこなうと、セロトニン神経の分泌量が増えます。セロトニンが満腹中枢をコントロールしてくれますので、空腹感はほとんど感じなくてすみます。

　実施期間中に空腹感を感じるとすれば、呼吸法が不完全（呼吸が短い、意識の集中が不十分）な場合です。この場合は満腹中枢に対するコントロールが弱く、空腹感を感じやすくなります。

　また、呼吸法が不完全だと細胞への酸素の供給が悪くなり、体力維持に必要なエネルギーを確保できません。食事制限を実施する場合には、必ず正しい呼吸法をおこなうように心がけてください。

「食事制限をすると、体力を維持するためのエネルギーが心配だけど……」

これも大丈夫。体力維持に使うエネルギーは、体脂肪を分解することで十分に得られます。短期間であれば、食事制限によるエネルギー源不足を心配する必要はありません。

といっても、体に必要なビタミン、たんぱく質、ミネラルなどは補充する必要があります。「深呼吸ダイエット」のあとに、適量の食事でこれらの栄養素は補充してください。

酸素の運搬能力を下げる冷たいものを控えましょう

アイスクリーム、氷を浮かべた水、冷えたジュース、冷たいビールなどは、喉の渇きを潤してくれます。夏などはつい手が出てしまいますし、いまでは冬でも暖房がよく利いていておいしいものです。

でも、体温より冷たいものは、ダイエットの大敵なのです。

体温よりはるかに冷たいものを体内に入れると、血管をはじめ、体中が収縮します。こうなると、血液循環が悪くなることはお分かりですね。血液循環が悪くなると、酸素の運搬能力が極端に低くなり、体脂肪をなかなか減らすことができなくなります。

さらに、低体温になると免疫力が低下します。体温が36・5度くらいのとき、私たちの免疫力は活性化されるといいます。免疫力が低下すると、病気にかかりやすくもなります。病気になってしまったら、ダイエットどころではなくなります。

食べ過ぎの元になる早食い、立ち食いはやめましょう

２００４年８月23日の『毎日新聞』に、おもしろい記事が載っていました。大阪にある独立行政法人の健康・栄養研究所などがおこなった調査のデータです。

どんな調査データかといいますと、食べる速さと体重との関係です。対象になったのは、全国22大学の18歳以上の女子学生１６９５人でした。

その結果、「とても遅い」「比較的遅い」「普通」「比較的速い」「とても速い」の5段階のうち、「とても速い人」の平均体重は55・4kg、「とても遅い人」の平均体重は49・6kg。その差はなんと、5・8kg！

ゆっくり食べる人ほど、痩せている！

なぜこんなデータが出たのでしょうか？

ゆっくり食べれば、食べ物をよく噛むようになります。噛む回数が増えるのですね。よく噛んで食べると、食べ物を噛むリズム運動でセロトニン神経の分泌が活発になり、満腹中枢が刺激されます。

満腹中枢の刺激ということは、「もう満腹、お腹いっぱい。もう食べられない」という状態に早くなることです。満腹感を早く感じれば食べる量も自然に減り、カロリー減につながります。ゆっくり食べる人が痩せているのは、ここに大きな理由があるのです。

ゆっくり噛むことには、まだまだメリットがあります。

噛む回数が増えれば、食べ物は細かく砕かれやすくなります。吸収しやすくなって、栄養素の吸収効率も上がります。なにを食べるかと悩むより、ゆっくり食べる

ことを心がけたほうがより経済的で、より健康になるのです。

早食いの典型は、立ち食いです。女性はあまり立ち食いのお店にはいかないでしょうが、立ち食いはやめておいたほうが得策です。

「深呼吸ダイエット」の呼吸法を1日2~3回、1回30~40分おこないながら、とくに炭水化物を減らした適度な食事制限をします。そしてその食事はゆっくり、しっかり噛んでいただく。これで、あなたのダイエットはぐんと加速すること間違いなしです。

呼吸法を徹底的にマスターしましょう

「深呼吸ダイエット」をあなたの最後のダイエットにする最後の方法は、「呼吸法を徹底的にマスターする」ことです。

PART2でご紹介したように、「深呼吸ダイエット」の呼吸法はそうむずかしいものではありません。少し練習していただくと、誰でもできるようになります。

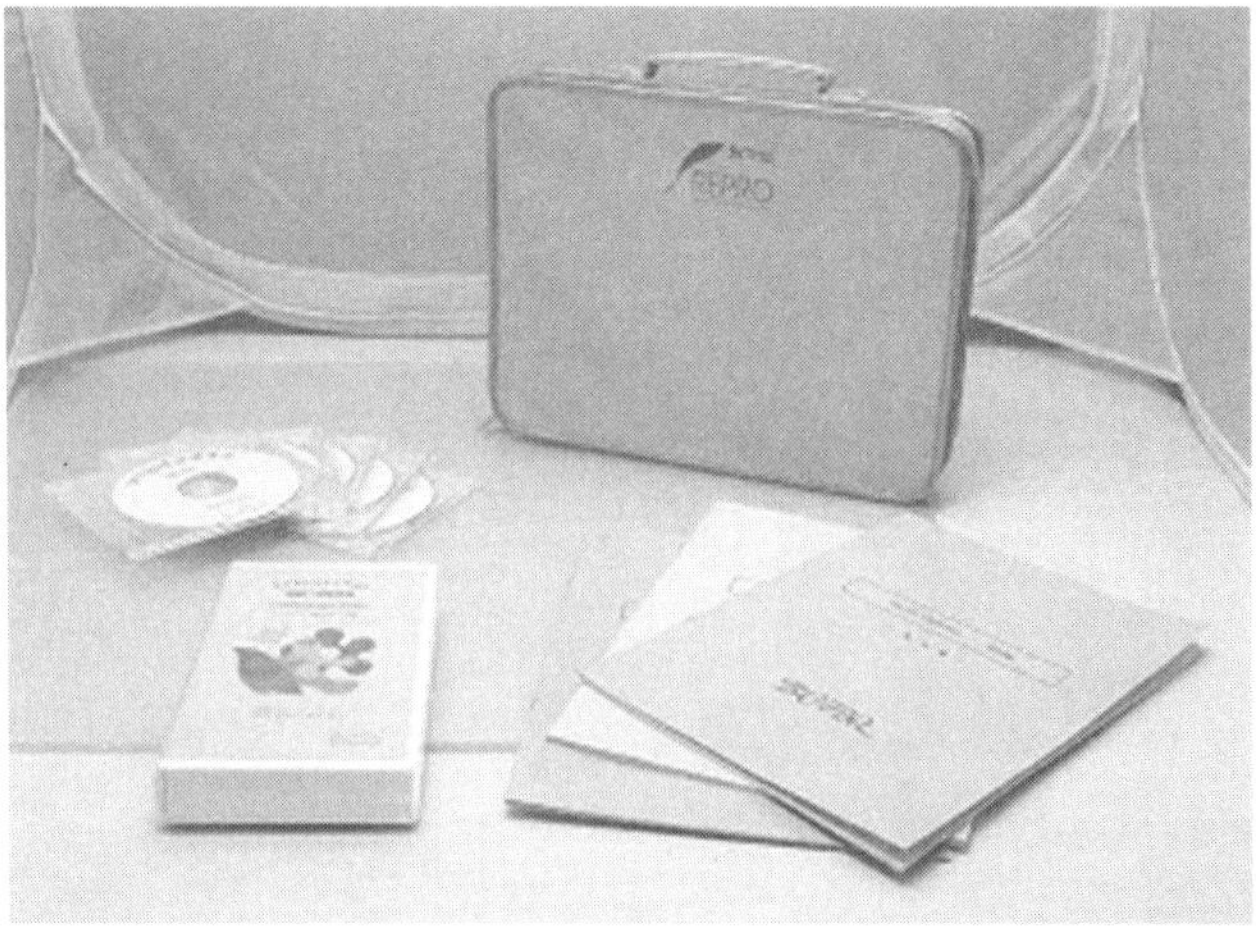

　でも、自宅で一人で実施するとなると、不安になることもあるでしょう。「ここがもっと知りたい」とか「こんなときはどうすればいいの?」といった疑問や不安が出てくることも考えられます。
　そこで、そうした疑問や不安をなくし、一人でも正しい呼吸法を徹底的にマスターできるようなアイテムも開発されています。このアイテムはすでに数千人が利用され、大きな実績が得られています。詳細については、BC720生体健身法のホームページをご覧ください。さぁ、あなたも最後のダイエットにトライしましょう!

「痩《や》せる力《ちから》」が目覚《めざ》める!
深呼吸《しんこきゅう》ダイエット

2006年11月28日　初版第1刷
2007年4月26日　　　第3刷

著　者――――――――羅《ら》　予澤《よたく》
発行者――――――――山﨑邦彦
発行所――――――――現代書林
〒162-8515 東京都新宿区弁天町114-4
TEL03(3205)8384(代表)　振替00140-7-42905
http://www.gendaishorin.co.jp/
カバーデザイン――――山口真理子
イラスト―――――――片山智恵

印刷・製本：広研印刷㈱
乱丁・落丁本はお取り替えいたします。
定価はカバーに表示してあります。

ISBN978-4-7745-0795-8 C0047